Adrienne Friedlaender

IST DAS VERBOTEN ODER DARF ICH DAS?

ADRIENNE FRIEDLAENDER

Ist das verboten oder DARF ICH DAS?

Eine fröhliche Anregung zum Regelnbrechen

blanvalet

Alles persönlich Erzählte beruht auf wahren Begebenheiten.
Ähnlichkeiten mit lebenden Personen sind deshalb durchaus beabsichtigt
und unvermeidbar, fast alle Namen aber habe ich frei erfunden.

Sollte diese Publikation Links auf Webseiten Dritter enthalten,
so übernehmen wir für deren Inhalte keine Haftung,
da wir uns diese nicht zu eigen machen, sondern lediglich auf
deren Stand zum Zeitpunkt der Erstveröffentlichung verweisen.

Penguin Random House Verlagsgruppe FSC® N001967

1. Auflage 2021
Copyright © 2021 by Blanvalet
in der Penguin Random House Verlagsgruppe GmbH,
Neumarkter Straße 28, 81673 München
Redaktion: Angela Kuepper
Umschlaggestaltung und -motiv: www.buerosued.de
WR · Herstellung: sam
Satz: Uhl + Massopust, Aalen
Druck und Bindung: GGP Media GmbH, Pößneck
Printed in Germany
ISBN 978-3-7645-0760-2

www.blanvalet.de

Alle sagten: »Das geht nicht.«
Dann kam eine, die wusste das nicht
und hat's einfach getan.

Für alle,
die sich nicht mehr durch verstaubte Regeln
ausbremsen lassen wollen

Inhalt

würgen auf Trauerfeiern trockenen Kuchen hinunter,
an dem wir eher ersticken, als über den Tod selbst zu sprechen.

*Kiffen, Klauen, Klausur verhauen: Während bei uns wieder
mal die Bude brennt, scheinen andere Familien nur Sonntagskinder zu haben. Stehen wir Eltern im permanenten
Erziehungswettbewerb? Und ist es tabu, über Probleme mit
den Kids zu sprechen?*

*Verstörend: Schläge hinter geschlossener Tür gehören zum Alltag
in Deutschland. Viele Opfer schweigen aus Scham, fühlen sich
aber gleichzeitig alleingelassen. Beobachter sind oft unsicher,
zögern, sich einzumischen. Aber sind Gehirnerschütterungen
und blaue Flecken wirklich Privatsache?*

*Lohnt es sich wirklich, in Sneakers den Falten davonzulaufen?
Ob Sex, Reisen, Sport oder Mode: Alt sein ist total out. »Forever
young« dagegen ist voll im Trend, und eine ganze Gesellschaft
scheint im Jugendwahn. Aber warum eigentlich tun wir uns so
schwer mit dem Älterwerden? Ist es schon ein Tabu, zu seinem
Alter zu stehen?
Wovor haben wir Angst?*

Vorwort

»Du hast waaas getan? Das steht wirklich auf Platz eins aller Unmöglichkeiten im Leben!« Meine Mutter sah mich so entsetzt an, als hätte ich nackt Yoga praktiziert – mitten auf der Mönckebergstraße. Dabei hatte ich ihr nur erzählt, dass ich meine Nachbarin nach dem Preis für ihr Haus gefragt hatte.

Es war ein paar Monate vor unserem Umzug: Mit einem Karton aussortierter Klamotten für den Altkleider-Container eilte ich die Reihenhaus-Reihe hinunter zur Straße, als ich vor der Haustür unsere neue Nachbarin traf.

»Herzlich willkommen in unserer Siedlung«, begrüßte ich sie freundlich. »Ich hoffe, Sie haben sich schon etwas eingelebt?« Wir redeten ein wenig über die nette Nachbarschaft und das Leben in Hamburg im Allgemeinen. Dann fragte ich sie, in dem Wissen, dass sie exakt das gleiche Haus gekauft hatte wie das, in dem ich wohnte: »Ich möchte mein Haus verkaufen. Könnten Sie mir vielleicht Ihren Kaufpreis verraten, damit ich weiß, was ich auf dem Markt verlangen kann?« Sie blickte mich an, als hätte ich sie nach ihren bevorzugten Sexpraktiken gefragt.

»Darüber möchte ich nicht sprechen«, antwortete sie kurz und verschwand eilig im Hauseingang.

Hätte ich das voraussehen können? Vielleicht. Denn den

Satz »Über Geld spricht man nicht« habe ich mit der Muttermilch in jede Zelle meines Körpers eingepflanzt bekommen. (Zum Glück aber auch eine gehörige Portion Neugier.)

Seit Generationen leben wir nach solchen (ungeschriebenen) Regeln, die wir derart verinnerlicht haben, dass wir ihnen oftmals blind folgen, ohne je über ihren Sinn nachzudenken. Als ich mir damals ein Baby wünschte, sah ich plötzlich um mich herum nur noch Schwangere. So geht es mir heute mit all den gesellschaftlichen Tabus. Je mehr ich mich mit ihnen beschäftigte, desto mehr Fragen tauchten auf: Welche Regeln und Tabus gibt es, und woher kommen sie? Welche schützen uns, unsere Familie und die Privatsphäre? Welche brauchen wir für ein angenehmes Miteinander in der Gesellschaft? Und welche Regeln stehen uns eher im Weg wie ein verrosteter Zaun? Fragen, mit denen sich das Buch auseinandersetzt.

Beim näheren Betrachten fällt auf: Viele Regeln sind von Männern gemacht – schließlich galten sie über Jahrhunderte hinweg als alleiniges Familienoberhaupt und sind auch heute noch in der Überzahl in der Politik vertreten. Und das hat Auswirkungen. Ob beim Joggen, im Schwimmbad oder auf der Karriereleiter: Manche Männer erlauben sich ganz selbstverständlich, wie Mähdrescher durch die Welt zu pflügen, während wir Frauen brav zur Seite springen. Warum tun wir das?

Theoretisch stehen Frauen der Arbeitsmarkt und Führungspositionen offen. Aber gucken wir doch mal in die Realität: Wie viele Männer arbeiten Teilzeit und wie viele Frauen? Wie oft sitzt die Frau am Steuer, wenn Mann und Frau gemeinsam Auto fahren? Und wer putzt häufiger? Das einfach mal im Freundeskreis durchzuzählen ist schon erhellend.

Und wer bezweifelt, dass beim Sex die gleichen Regeln gelten, stelle sich folgende Szene vor: Eine Frau, umringt von ihren Freundinnen, bleibt in einer Kneipe mit dem Blick einer Großwildjägerin an einem appetitlichen Exemplar Mann hängen und verkündet dann laut: »Na, den würde ich auch gern mal kurz flachlegen.«

Immer wieder bin ich erstaunt, wie schnell auch mich anerzogene Gedankenmuster torpedieren. Als ich neulich einen Artikel über Callboys las, dachte ich spontan: Warum mietet eine Frau denn einen Mann? Im nächsten Moment war mir klar: Ups, ich habe ja selbst Vorurteile rund um die Frauensexualität. Eine Frau tut so etwas nicht, eine Frau hat doch nur Spaß am Sex mit dem Prinzen ihrer Träume.

Ein völlig anderes Thema, das mich ebenfalls wundert: Warum landen wir binnen Sekunden von hundert auf null auf der allgemeinen Sympathieskala, wenn wir auf einer Party das Geburtstagskind über dreißig fragen, wie alt es denn wird? Ist das Alter zum Tabu geworden? Und zum Thema Kinder: Wieso verschweigen wir Frauen die Tatsache, dass das Leben unterm Mutter-Heiligenschein manchmal dunkler ist, als wir es uns vorgestellt haben? Dass Kinder bei aller Liebe auch mal richtig nerven können und wir uns nach Freiraum und Selbstbestimmtheit sehnen?

Einerseits halten wir uns für fortschrittlich, weltoffen, aufgeklärt und verkünden: Wir können doch über alles reden.

Aber bei Fragen wie »Hast du noch Lust auf Sex?« oder »Was passiert eigentlich, wenn Oma ins Gras beißt?« verstummen wir, als hätte der Blitz ins Sprachzentrum eingeschlagen.

Ob Alter, Kontostand, Gehaltsvorstellungen, Krankheit,

Tod, Scheitern: Wäre es nicht eine Bereicherung für uns alle, wenn wir offen miteinander reden würden? Mehr Solidarität, mehr Miteinander, mehr Empathie zeigen würden?

All diesen Themen widmet sich das vorliegende Buch. Denn ich bin überzeugt: Regelbrechen kann ganz neue Möglichkeiten schaffen und uns helfen, gelassener und erfolgreicher zu sein. Und es macht uns nicht nur frei, sondern oft auch glücklich.

I

Das tut man/frau doch nicht!

Freie Bahn im Schwimmbad, Hochzeitsglocken und
andere Überraschungen: Wo steht eigentlich geschrieben,
dass Frauen den Hardcore-Kraulern ausweichen müssen?
Und was passiert, wenn man alle Hollywood-
Klischees bricht und um die Hand des Liebsten anhält?
Kampfansage an Mr. Rambo, Mutprobe unter Wasser
und (m)ein Heiratsantrag 2.0.

Meine Meisterin der Regelbrüche ist Pippi Langstrumpf, die
Astrid Lindgren in den Vierzigerjahren zum Leben erweckte.
Ob Piraten, Wachtmeister oder Diebe – die neunjährige
Pippi kennt keine Angst. Sie ist stärker als jeder Mann, be-
siegt ihren Vater im Armdrücken und kann sogar ihr Pferd
hochheben. Aber Pippi ist nicht nur stark, sondern auch
unkonventionell. Sie wohnt allein in der Villa Kunterbunt,
schläft mit den Füßen auf dem Kopfkissen. Sie lebt, wie es ihr
gefällt, unabhängig davon, was andere denken, und bringt die
Welt der Erwachsenen damit ganz schön durcheinander. Sie
war und ist meine Heldin. Und vielleicht war sie es sogar, die
mich in vielen Lebenssituationen ermutigt hat.

Mein erstes ganz persönliches Pippi-Erlebnis hatte ich kurz
nach meinem dreißigsten Geburtstag im Bäderland Blanke-

nese. Zwar gab es hier keine Polizisten, die mich verhaften wollten, dafür aber einen Schwimmbad-Rambo, gegen den es zu kämpfen galt.

Ich bin nicht unbedingt ein Sportgenie, doch beim Schwimmen fällt es mir leicht, richtig Strecke zu machen. Während ich also entspannt Bahn für Bahn die Bewegung im Wasser genoss, beobachtete ich die anderen Badegäste: Kinder tobten neben der abgegrenzten Schwimmerbahn im Wasser, spielten Ball und übten Arschbomben vom Ein-Meter-Turm, Frauen mit Rosenknospen-Badekappen standen im Kreis und schwatzten. Mein meditatives Schwimmen nahm ein jähes Ende, als Mr. Rambo erschien, am Beckenrand Schwimmbrille und Nasenkneifer aufsetzte und sich direkt vor mir ins Wasser warf.

Im letzten Moment gelang es mir, mich am Absperrseil aus der Bahn zu ziehen und vor seinen ausholenden Armbewegungen in Sicherheit zu bringen.

Kraulend durchpflügte er das Becken wie ein Mähdrescher das Maisfeld, ohne beim Auftauchen und Atmen auch nur einmal nach links und rechts zu gucken oder dem Gegenverkehr Aufmerksamkeit zu schenken.

Dreimal wiederholte sich die Szene, dreimal wich ich dem rücksichtslosen Schwimmer aus, bevor die Pippi in mir zum Leben erwachte. Ich nahm all meinen Mut zusammen, spannte, um den Aufprall abzufangen, mit aller Kraft meine Muskeln an und stellte mich breitbeinig und mit verschränkten Armen mitten in die Bahn. Ein wenig fühlte ich mich wie die Dame auf der Luftmatratze, kurz bevor der weiße Hai zuschnappt. Ich kniff die Augen zusammen und fixierte meinen Gegner, der sich ungebremst näherte. Drei, zwei, eins, klatsch!

Der Triumpf war größer als der Schmerz des Zusammen-
stoßes. Verblüfft hob der Mann den Kopf aus dem Wasser,
sortierte Arme, Beine und den verrutschten Nasenkneifer,
strafte mich mit einem vernichtenden Blick und schwamm
wortlos weiter. Aus dem Augenwinkel sah ich, dass eine der
Rosenknospen-Damen lachend auf mich zeigte und mir verschwörerisch zublinzelte, eine andere aus der Runde klatschte.
Mr. Rambo ließ mich während der nächsten zehn Bahnen
nun nicht mehr aus den Augen. Bei jeder Begegnung feuerte
er tötende Blicke auf mich ab, die ich im Siegesrausch souve-
rän von mir abprallen lassen konnte.

Ein paar Jahre später erwachte erneut die Pippi in mir, als ich
an ganz anderer Stelle Regeln und Konventionen brach.

Vorsichtig, um verräterisches Klirren zu vermeiden, wickelte
ich die beiden Sektgläser in eine Serviette, zog den Flaschen-
kühler über die Champagnerflasche und legte beides zusammen mit Keksen und Trinkflasche für unseren Kleinen in
den Buggy. Wenig später brachen mein Partner und ich samt
Sohn und Hunden zum ausgedehnten Elbspaziergang auf.

Vielleicht bin ich altmodisch oder romantisch verklärt, aber
ich fand die Idee, den Vater meines Sohnes zu heiraten, ganz
wundervoll. Ich hatte allerdings überhaupt keine Lust gehabt,
hochschwanger und Hals über Kopf zum Standesamt zu ren-
nen, wie es die Großmütter sich vermutlich gewünscht hätten.
Denn zu einer Hochzeit, so finde ich, gehört nun mal ein rau-
schendes Fest und auch das eine oder andere Glas Sekt. Und
keine Braut mit Walfischumfang im Sack-Outfit, die alle halbe
Stunde über der Kloschüssel hängt, weil ihre Hormone ver-

rücktspielen. Mittlerweile war unser Sohn ein Jahr alt. Warum also sollte ich warten, bis *er* den ersten Schritt tun würde?

Neulich stolperte ich über einen Artikel, der für die ungeduldig wartende und heiratswillige Dame die Frage klären sollte, ob *er* sie bald zur Braut machen würde, und mit Sätzen wie diesem lockte: *Zehn untrügliche Zeichen, an denen SIE erkennt, dass ER bald die entscheidende Frage stellen wird.*

Besagter Artikel zur Entlarvung ehewilliger Männer stammte keinesfalls aus dem letzten Jahrhundert, sondern dem Jahr 2012. Fassungslos las ich: »Auch Männer haben eine biologische Uhr. Tickt sie, dann macht er vielleicht Scherze über sein Alter … Von seinen Freunden sind viele schon verheiratet – Bingo! Dann will er es auch bald. Er bezieht sie in wichtige Entscheidungen mit ein, spricht mit ihr über Probleme in seinem Job, über Krankheiten – gut so. Er akzeptiert die Frau als echte Lebenspartnerin, die er auch heiraten könnte.«

Ich meine, ich versuche doch auch nicht aus Bemerkungen wie »Ich koche so gern Pasta« darauf zu schließen, dass der Geliebte plant, ein italienisches Restaurant zu eröffnen. Nein! Ich frage direkt nach und schmiede lieber gemeinsam Zukunftspläne. Warum sollte ich wie eine Detektivin in geheimer Mission nach Anzeichen suchen, ob und was für Lebens- und Liebesabsichten der Mann an meiner Seite hat? Klar ist es eine Tradition, dass der Mann seiner Angebeteten einen Heiratsantrag macht. Aber muss das so sein?

Auf den Heiratsantrag warten manche Frauen länger als auf die überfällige Gehaltserhöhung. Weil Mädchen und Jungs lernen: Es muss der Mann sein, der beim Sonnenuntergang am Meer, unter Wasser, beim Fallschirmsprung, unterm

Weihnachtsbaum oder wo auch immer vor der Angebeteten auf die Knie fällt und um ihre Hand anhält. Ich kenne keinen Roman oder Film, in dem es umgekehrt wäre. Manche Traditionen haben ein langes Verfallsdatum – was mich an diesem Morgen an der Elbe aber keineswegs davon abhielt, die Regel zu brechen.

Während mein Noch-nicht-Ehemann Stöckchen für unsere Hunde warf und unser Sohn selig in der Karre schlief, öffnete ich, Simsalabim, die Schampusflasche.

»Ich dachte, ich meine, also jetzt, wo wir schon zwei Jahre zusammen sind und überhaupt, weil… Willst du mich heiraten?«

Nicht gerade filmreif, das Gestottere, aber immerhin war es raus. Dann überreichte ich ihm mit etwas zittrigen Händen mein Geschenk. Man muss ja nicht alle Traditionen über den Haufen schmeißen, und ich finde, für einen Heiratsantrag braucht es nicht nur eine große Portion Mut, sondern auch ein Geschenk. Allerdings hatte ich statt des obligatorischen Rings ein Fernglas gekauft. »Damit wir unsere Liebe im Auge behalten.«

Ich füllte den Schampus in die Gläser, stieß vor Aufregung etwas zu heftig an und leerte das Glas in einem Zug. Puh! Ich gebe zu, dass er schon etwas verblüfft geguckt hat. Aber dann sagte er, ohne zu zögern, Ja. Bis heute weiß ich nicht, ob aus Überraschung oder Überzeugung. Auf jeden Fall: Wir haben geheiratet.

Meiner Mutter habe ich vorsichtshalber verheimlicht, dass ich es war, die den Antrag gestellt hat. Vermutlich wäre sie vor Entsetzen sonst gar nicht zur Hochzeit erschienen. Und was meine Freundinnen betrifft: Als ich von unseren Heiratsabsichten erzählte, folgten ihre aufgeregten Fragen nach der Antrags-Inszenierung so automatisch, wie man den Blinker setzt, wenn man abbiegt. Bei ihnen kniff ich nicht. Die Reaktionen? Alle waren enttäuscht, keiner verstand, warum ich mir die Chance auf ein romantisches Großereignis genommen hatte. Allerdings bin ich mega-ungeduldig und hätte es niemals ausgehalten, jeden Morgen aufzuwachen mit dem Gedanken: Fragt er mich vielleicht heute? Ich träumte auch von einem Heiratsantrag mit allem Drum und Dran – aber bitte schön zu meinem gewünschten Zeitpunkt.

»Das tut man nicht, das sagt man nicht, das fragt man nicht…« Von all den Regeln und ungeschriebenen Gesetzen sind Frauen, wie schon angedeutet, am meisten betroffen. Ich spreche dabei keineswegs nur von so irrwitzigen Gesetzen wie etwa in den USA, wo Frauen in einigen Staaten der Besitz von mehr als zwei einsatzfähigen Dildos verboten ist und Single-Frauen nicht am Sonntag Fallschirm springen dürfen. Ebenfalls nicht gestattet ist es, im Badeanzug in der Öffentlichkeit zu singen, den Staubsauger dem Nachbarn zu borgen oder beim Friseur unter der Trockenhaube einzuschlafen. Aber nicht nur in Amerika, sondern auch in Europa staunt man über skurrile Gesetze: In Griechenland sind High Heels verboten, in Paris das Küssen auf Bahnhöfen, und in Liverpool dürfen Frauen nicht barbusig in einem Geschäft stehen, es sei denn, es handelt sich um einen Laden für tropische Fische. Auch in Deutschland leben wir nach Regeln, deren Ursprünge wir häufig gar nicht mehr kennen und die teils auch keinen Sinn mehr ergeben. Zum Beispiel all die lustigen Knigge-Regeln, wie etwa, dass man Brot nur mit der linken Hand essen darf und Anstoßen nur mit alkoholischen Getränken erlaubt ist – oder eben, dass Männer immer für den Heiratsantrag zuständig sind. Was würde eigentlich passieren, wenn wir diese Regeln brächen? Ist es nicht höchste Zeit für eine Überprüfung der Regel-Software und ein zeitgemäßes Update von Tabus, Traditionen und Bräuchen?

Ich frage mich: Wieso schweigen wir so oft, wenn wir mit brenzligen Situationen konfrontiert werden oder in schwierigen Lebensphasen stecken? Dabei ist völlig klar, dass wir Menschen viele Erfahrungen ähnlich erleben: Sex, Probleme mit dem Partner, der Karriere oder der Gesundheit, Erziehungssorgen und die Auseinandersetzung mit dem Tod.

Wollen wir wirklich weiter Gedanken raten, spekulieren, stillhalten und schweigen? Oder uns künftig und im Klartext mit den elementaren Fragen des Lebens beschäftigen? Zum Beispiel: Bin ich die einzige Frau auf der Welt, die beim Sex mit dem Partner von einer erotischen Begegnung mit einem Fremden träumt? Stimmt etwas mit meiner Partnerschaft nicht, oder ist es ganz normal, sich gedanklich ein paar Fantasien als Amuse-Gueule zu gönnen? Warum klingt in anderen Familien alles so frustrierend easy mit den Kindern? Habe nur ich in der Erziehung versagt, weil ich schon wieder in der Notaufnahme sitze, nachdem meine wilden Jungs sich beim Prügeln gegen die Heizung geschubst haben? War es wirklich indiskret, die Nachbarin auf ihr blaues Auge anzusprechen, oder nicht doch eine fürsorgliche Geste, die ihr zeigt: Ich sehe dich, und ich bin da, falls du Hilfe brauchst? Und was passiert eigentlich genau, wenn Oma stirbt? Wo bleiben ihr Körper, ihre Seele und wir mit unserer Traurigkeit und Liebe?

Natürlich möchte nicht jeder mit den Intimkrankheiten des Nachbarn konfrontiert werden. Aber würden wir uns nicht ein Stück weit normaler fühlen, weniger fremd in dieser manchmal so verrückten Welt mit all ihren Höhen, Tiefen und Herausforderungen, wenn wir mehr von unseren Wünschen, Ängsten und Sorgen mit anderen Menschen teilen könnten? Wenn wir erfahren dürften, dass auch die beruflich so erfolgreiche Kollegin immer wieder an ihren Fähigkeiten zweifelt und vor jeder Präsentation nachts schweißgebadet wachliegt? Dass der pädagogisch erfahrene Nachbar zwar als coolster Lehrer der Stadtteilschule gehandelt wird, aber zu Hause mit seinem eigenen Sohn dermaßen streitet, dass die Wände wackeln? Wenn unsere Freundin uns daran teilhaben lässt, wie unfassbar sie es getroffen hat, dass ihr Mann nach der Fehlgeburt sagte: »Das war doch noch gar nichts Richtiges …«?

Was, wenn wir also erfahren würden, dass andere Menschen die gleichen Fehler begehen, sich auch ab und zu überfordert fühlen, verzweifelt auf den Verlust eines Menschen reagieren? Aus Rücksichtnahme und Feingefühl, Vermeidung oder Verleugnung, Scham und Angst verstummen wir bei heiklen Themen wie Krankheit, Tod oder Sexualität. Ob alltäglich oder schwerwiegend – Tabus haben häufig die Aufgabe, eine ernsthafte und intensive Auseinandersetzung mit Lebensthemen zu vermeiden oder sogar zu verbieten. Wer hat nicht schon in frühester Kindheit peinlich berührte Blicke geerntet, wenn sie oder er in natürlicher Neugier Fragen gestellt

oder Dinge ausprobiert hat? Meist gefolgt von der flüstern-
den Ermahnung »Darüber spricht man nicht« oder »Das tut
man nicht«. Ist es nicht traurig und frustrierend, wenn wir
über persönliche und wichtige Themen nur hinter vorgehaltener Hand sprechen können?

Der Umgang mit Regeln und Tabus erfordert, dass wir hin-
gucken und uns Fragen stellen. Welche Tabus sind sinnvoll?
Wo schützen sie uns vor dem Überschreiten von Grenzen, wo
helfen sie, die soziale Ordnung zu erhalten? Und an welchen
Stellen lohnt es sich, unser Denken zu entrümpeln, Scham
und Scheu über Bord zu werfen, das eine oder andere Tabu zu
brechen und ganz offen und ehrlich unsere Erfahrungen über
das Leben, Arbeiten und Lieben auszutauschen?

Werfen wir also einen Blick über den Tabu-Tellerrand und
nehmen wir gemeinsam einige Regeln und No-Gos unter die
Lupe. Betrachten wir, warum die Liste der Euphemismen
länger ist als die für den Aldi-Großeinkauf am Anfang der
Woche und warum es uns so schwerfällt, manche Dinge beim
Namen zu nennen.

Und was den Heiratsantrag 2.0 betrifft: Ich jedenfalls war
damals sehr glücklich, als mein Mann »Ja, ich will« sagte.
Gut, dass ich mich getraut hatte, oder?

2

Tabu, schlechtes Benehmen oder ...?

»Ich muss mal!« gegen »Ich gehe kurz meine Nase pudern«:
Warum bloß fällt es uns so schwer, manche Dinge beim
Namen zu nennen? Wozu dienen die bequemen Notlügen?
Und wann können sie gefährlich werden? Von Kron-
leuchtern und Kohlrouladen

Hier kommt einer meiner YouTube-Lieblingsclips: Eine Frau
steht mit einem Paket Klopapier im Supermarkt an der Kasse.
Der Kassierer: »Was haben Sie denn damit vor? Kacken Sie
etwa?«

Kundin 2 (in der Warteschlange): »Das ist ja ekelhaft!«

Kundin 1: »Aber das ist doch völlig normal!«

Kunde 3: »Sie finden das normal, sich stinkende Exkre-
mente aus dem Anus zu drücken wie ein Tier?«

Kundin 2: »Mir wird schlecht!«

Kundin 1: »Aber Sie müssen doch bestimmt auch mal auf
Toilette...«

Kassierer: »Jetzt werden Sie mal nicht unverschämt!« [...]

So geht es weiter, bis die junge Frau ihr Gesicht unter der
Kapuze versteckt und aus dem Supermarkt läuft. Der Clip

wurde inzwischen über 800.000 Mal aufgerufen. Warum wohl? Weil ganz öffentlich und offensichtlich ein Tabu gebrochen wird. Das überrascht, irritiert, und es macht Spaß. Natürlich weiß jeder, dass es biologisch unmöglich ist, aber ganz offiziell haben Frauen keinerlei Ausscheidungen, putzen sich lautlos die Nase, menstruieren in der Werbung nur blaue Flüssigkeit und gehen höchstens mal »Hände waschen« oder »Nase pudern«, aber niemals auf die Toilette. Warum?

Nun, die *Bild* zeigt in einem TV-Werbespot sehr anschaulich, wie man mit fünf Wörtern Klartext einen Mann verbal kastrieren kann. Wir sehen ihn und eine Frau in Abendgarderobe in einem Hotelzimmer. Sie tanzen vor dem Bett zu Barry Whites »Just the Way You Are« und beginnen, sich gegenseitig zu entkleiden. Erotik total. Dann flüstert die Frau, während sie den Mann rückwärts aufs Bett schubst: »Rühr dich nicht vom Fleck. Ich bin gleich wieder da.« Sie schenkt ihm noch einen lasziven Blick, bevor sie erklärt: »Ich geh nur kurz kacken.« Zurück bleibt ein fassungsloser und komplett abgetörnter Mann auf dem Hotelbett. Es folgt die Einblendung: »Nichts ist härter als die Wahrheit – BILD.« Über sieben Millionen Mal wurde dieses Video bei YouTube aufgerufen!

Ja, Sprache kann schockieren. Die Liste der Tabuwörter ist endlos. Und manchmal ist es – mal ganz abgesehen von der Frage »Tabu oder nicht Tabu?« – zumindest zielführender, die Tatsachen zu umschiffen, als Klartext zu reden. Denn Sprachtabus haben auch mit Höflichkeit und der Achtung von Bedürfnissen zu tun. Ganz bestimmt wäre die Szene im Hotel anders verlaufen, hätte die Frau sich mit »Ich gehe mir eben die Nase pudern« verabschiedet.

Und was wäre passiert, wenn der Mann sich augenzwinkernd mit »Ich muss nur kurz kacken« verabschiedet hätte?

Ich könnte mir vorstellen, dass die Dame in freudiger Erwartung liegen geblieben wäre. Denn wir Frauen sind eher an eine rüde und direkte Sprache von Männern gewöhnt als umgekehrt. Zumindest ist das meine Erfahrung in meinem jahrzehntelangen Umgang mit Jungs und Männern.

Eine Sonntagmorgen-Szene aus unserem Reihenhaus, nicht auf YouTube zu finden: hübsch gedeckter Frühstückstisch mit vielen Leckereien. Während ich noch überlege, womit ich meine zweite Brötchenhälfte belege, haben die Jungs bereits drei Brötchen verdrückt und gucken mich ungeduldig an. Häufig endet die gemeinsame Mahlzeit damit, dass einer der Jungs gequält das Gesicht verzieht, begleitet von den Geräuschen und Gesten wie von einer Frau in den Presswehen: »Ahhrg, ohhh… Ich halt das nicht mehr aus. Ich muss jetzt unbedingt schnell auf Klo, ich glaube, das wird ein Big Mac.« Ohne irgendeine Scheu oder Rücksichtnahme. Schlecht für den Appetit – gut für die Figur. Wer kann mit so einem Bild vor Augen noch genussvoll in ein Nutella-Brötchen beißen?

Ich stelle mir die Situation mal wieder umgekehrt vor: Ich sitze mit meinen Freundinnen bei Pasta und Prosecco, fange an zu stöhnen und zu drücken und verkünde dann laut in die Runde: »Ich geh mal kurz einen abseilen.«

Auch wenn es für Männer kein Tabu zu sein scheint, in dramatischer Inszenierung über Ausscheidungen zu sprechen: Beim Thema Sex zeigen sie sich meist etwas sensibler und sind – der eine mehr, der andere weniger – behutsam in der Kommunikation mit der Angebeteten. Sicher spielt bei der Rücksichtnahme auf die weibliche Sensibilität auch die eigene Motivation eine nicht zu unterschätzende Rolle. Zumindest wissen die meisten Verführer, dass zu direkte Ansagen Frauen in die Flucht schlagen können. Bis auf einige Ausnahmen vielleicht ist es noch immer schöner, nach einem gemeinsamen Abend an der Haustür gefragt zu werden: »Wollen wir noch Netflix gucken?« oder »Kommst du noch mit rauf, ich möchte dir meine Goldfische zeigen?«, als den Satz »Lass uns hochgehen, ich möchte gern mit dir vögeln« serviert zu bekommen. Die Magie des Augenblicks, die Ungewissheit nicht ganz eindeutiger Signale, die Frage »Will er jetzt oder nicht?«, das alles baut erotische Spannung auf. Wir möchten ja auch nicht am Geburtstag ein Buch, eine Yogamatte oder den Dampfkochtopf nackig überreicht bekommen mit dem Kommentar: »Hattest du dir doch gewünscht, deshalb habe ich es gar nicht erst verpackt.« Ein bisschen Chichi gehört einfach zur Romantik dazu. Außerdem hat die Frau dann eher das Gefühl, dass sie, sollte er unerwartet in Tigertanga und mit Handschellen vor ihr stehen, sich elegant aus der Nummer verabschieden könnte: »Mir ist gerade mehr nach Heimatfilm. Grüß die Goldfische von mir.« Hier hilft das Tabu allen Beteiligten dabei, das Gesicht zu wahren. Gut so.

Im Alltag aber erschwert uns der Gebrauch abgenutzter Phrasen die Möglichkeit, mit Menschen in echten Kontakt zu kommen. Die Frage »Wie geht es Ihnen?« kann man sich zum Beispiel eigentlich sparen, sie ist gesellschaftlich zur inhaltslosen Floskel mutiert. Die Antworten darauf lauten wahlweise

»Danke, gut«, »Muss ja!« oder »Und selbst?«. Und schon endet der leblose Kommunikationsversuch.

Dann gibt es auch noch das »Alles gut«-Phänomen. Egal, ob mein Gesprächspartner gerade mit dem Fahrrad hingeknallt ist, vom Partner verlassen, in der Bahn angerempelt, vom LKW angefahren wurde oder 41 Grad Fieber hat, die Antwort lautet: »Alles gut!« Ein Reflex, der jegliche weitere Unterhaltung erdrosselt. Da kann ich nur noch den Krankenwagen rufen oder das Weite suchen. Ehrlicherweise muss ich aber zugeben, dass gerade wir Frauen häufig Meisterinnen darin sind, um die Wahrheit herumzureden und versteckte Botschaften in Worte zu legen, in der Erwartung, dass der Empfänger sie dekodiert. Wehe dem also, der nicht nachfragt, wenn seine Partnerin etwa sagt: »Nein, ich hab nichts, alles ist gut…« Denn eigentlich wäre jetzt Detektivarbeit gefragt: Ist wirklich alles in Ordnung? Oder hat sie ein Problem und möchte im Moment nur nicht darüber sprechen? Oder will sie eigentlich sagen: »Mir liegt etwas auf der Seele. Ich möchte, dass du dich kümmerst, nachfragst, auf mich eingehst«?

Manche von uns sind wahre Meisterinnen der Betonung, wie zum Beispiel beim vermeintlich als Zustimmung genutzten Wörtchen »Ja«. Kaum einem Mann gelingt es beim ersten Versuch, die versteckte Botschaft zu entschlüsseln. *Jaahaa* etwa kann »Nerv mich nicht« bedeuten. Ein fragendes *Ja?* heißt vielleicht: »Bist du dir sicher?« *Jaja* wiederum meint, wie allseits bekannt: »Leck mich am Allerwertesten!«

Joaaa bedeutet: »Ich habe eigentlich keine Lust, aber meinetwegen…« Leicht zu dechiffrieren ist dagegen das ekstatisch gestöhnte: *Ja, ja, ja…* Doch die Krönung der Verwirrung ist: Oft bedeutet »Ja« auch schlicht »Nein«. Wir bejahen etwas, weil wir nicht »Nein« sagen mögen oder dürfen, aber tun dann doch, was wir eigentlich wollen.

Einfach ist es jedenfalls nicht mit der Sprache und dem Klartext. Nicht immer ist es Taktik, wenn wir mit Floskeln antworten. Manchmal sind wir so verletzt, überrumpelt, geschockt, dass wir noch nicht wissen, wie wir unsere Gefühle ausdrücken sollen. Vielleicht wollen wir auch einfach nur aus einer Unterhaltung flüchten. Zum Beispiel, weil wir schon mit einem Bein aus der Tür und auf dem Weg ins Kino sind. Oder weil wir unter Stress stehen, in unserem Gedankenschloss feststecken oder auf Zeit spielen, um uns darüber klar zu werden, was wir gerade wünschen und was wir vermitteln wollen.

Natürlich gibt es auf freundlich gestellte Fragen nach dem Befinden auch Antworten, die uns überfordern: »Ich leide unter Verstopfung, habe deshalb heftige Schmerzen und einen dicken Blähbauch.« Oder: »Ich habe ein nässendes eitriges Ekzem am Fuß.« Auch schön: »Ich habe heute Morgen gesehen, wie einer Katze bei einem Unfall ein Bein abgerissen wurde.« Letztes Beispiel: »Nach sensationellem Sex mit meiner Frau habe ich nackt hundert Sit-ups gemacht, bevor wir im Bett gefrühstückt haben.«

Wer hat sein Kopfkino da noch unter Kontrolle? Ja, Erzählungen wecken Bilder – schöne und weniger schöne. Daher ist es wichtig, sich zu fragen: Wie viel möchte ich kommunizieren, und wie viel möchte ich wirklich vom anderen wissen? Und das ist nicht nur individuell verschieden, sondern auch von der Tagesform abhängig. Was aber nicht bedeutet, dass Schweigen oder banale Floskeln die korrekte Antwort wären.

Ich meine, ich will nicht immer *alles* wissen, was der andere erlebt hat, aber ich würde meistens mit Vergnügen hören: »Ich hatte einen wunderbaren Morgen mit meiner Frau, ein herrliches Frühstück, jetzt freue ich mich auf den Tag.« Die positive Energie würde im Aufzug zum Büro überschwappen, und ich wäre sofort motiviert, mir meine eigenen positiven Erlebnisse ins Gedächtnis zu rufen.

Für mich ist nix langweiliger als das ständige »Mir geht es gut«, obwohl der Gesichtsausdruck gerade etwas ganz anderes ausdrückt. Noch nerviger die Leute, die sich jede Information aus der Nase ziehen lassen wollen und auch noch beleidigt sind, wenn man dazu keine Lust oder Zeit hat. Natürlich möchte ich nicht vor meinem inneren Auge sehen, wie XY vergeblich auf dem Klo hockt oder wie die Katze blutet. Sagt mein Gegenüber dagegen: »Gesundheitlich habe ich so das eine oder andere Wehwehchen, und heute Morgen habe ich einen schrecklichen Unfall gesehen«, dann verstehe ich ihn oder sie. Und es ist immer noch meine, seine oder ihre Entscheidung, ob XY mir mehr über die Beschwerden und den Unfall anvertraut oder ob wir uns einfach alles Gute für den Tag wünschen.

Natürlich birgt Offenheit immer auch die Gefahr, enttäuscht zu werden. Da erzählt man von dem schrecklichen Unfall, erhofft sich Nachfragen, Trost – und dann? Bekommt man vielleicht nur zu hören: »Ich muss jetzt auch mal weiter, die Kinder warten im Auto, schönen Tag noch!« Das kann wehtun. Aber es birgt eben auch die Chance, in echten Kontakt zu kommen. Und findet der statt, fühlen zwei sich meist besser und tragen diese Stimmung durch den Tag.

Während wir Erwachsenen uns also mit gutem Grund und auch mal ohne Not zensieren, starten Kinder meist fröhlich vergnügt ins Leben und in die Konversation. Frei von Scham sagen sie frisch von der Leber weg, was sie denken. Das kann manchmal süß und putzig sein, in der Realität kann es einen aber auch ganz schön in die Bredouille bringen. Früher nahm ich meine Söhne häufig mit, wenn ich zum Training ins Sportstudio ging. Sie verbrachten die Zeit in der Kinderbetreuung, während ich mich auf dem Stepper oder in Kursen quälte. Einmal holte ich meinen Sohn Justus dort ab und nahm ihn mit in die Damen-Umkleidekabine. Während ich genüsslich duschte, legte er sich flach auf den Boden und beobachtete unter der Tür der Umkleidekabine hindurch interessiert eine Frau beim Anziehen. Als er mich aus der Dusche kommen sah, rief er laut: »Mami, hier ist eine Frau, die hat so große Busen.« Dabei breitete er die Arme aus und versuchte das Gesehene mit lebendigen Gesten darzustellen. »Die sind vieeel größer als deine. Wie kann das passieren, dass die so wachsen?«

Eigentlich eine ganz verständliche Frage aus Sicht eines Kindergartenkindes. Ich allerdings zog vor Schreck den Pullover verkehrt herum an, schlüpfte halb in die Schuhe und verließ fluchtartig mit meinem Sohn auf dem Arm den Raum, bevor die großbusige Dame die Kabine verließ und sehen konnte, von wem die Frage stammte.

Warum eigentlich? Wieso habe ich meinem interessierten Sohn nicht erklärt, dass Körper, Bäuche und Busen unterschiedlich sind, aber die meisten Menschen auf keinen Fall beim Umkleiden beobachtet werden möchten?

In diesem Moment gelang es mir einfach nicht, über den Tabu-Schatten zu springen. Ein anderes Mal schon. Da kam mein wissbegieriger Justus mit einem sehr speziellen Anliegen zu mir: »Mami, ich habe das nicht richtig verstanden, was du mir erklärt hast mit den Babys und dem Sexen und so. Darf ich mal zugucken, wenn du so was machst?«

Einen Moment war ich perplex, dann musste ich lachen. Ich holte das Aufklärungs-Bilderbuch aus dem Bücherbord, wir schauten es noch einmal gemeinsam an, und ich versuchte, ihm alle Fragen kindgerecht zu beantworten. »Sexen möchten verliebte Menschen ganz allein und ohne Zugucker«, schloss ich.

Was man so sagen darf und was gesellschaftlich zum guten Ton gehört, ist übrigens nicht nur von Mann zu Frau und von Kind zu Erwachsenem sehr unterschiedlich, sondern auch von Kultur zu Kultur. In Asien zum Beispiel gilt es als extrem unhöflich, eine Frage oder Bitte zu verneinen, weil das den Fragenden enttäuschen könnte. Was dabei herauskommen kann, habe ich vor einigen Jahren am eigenen Leib erlebt, als wir mit der Familie in Thailand Elefantenferien machten. Jedem von uns wurde ein passender Elefant für die Zeit zugeteilt: die dreizehnjährige Maekomsi für Juri, der kleine, fünf Jahre alte Bulle Roger für Johann und für mich Maekamnoi, die fünfzigjährige Elefantenkuh. Was ich nie vergessen werde: Zur Begrüßung und zum Warmwerden mit den Dickhäutern sollten wir uns alle im Kreis auf den Fußboden setzen. Dann wurden die Elefanten von den Mahouts zu uns geführt. Genau eine Handbreit von uns entfernt blieben sie stehen: Beine wie Säulen, darüber die tonnenschweren Tiere. Rüssel erwachten zum Leben. Sie tasteten, rochen, fühlten. Sie verschlangen sich mit dem des Nachbarn, erspürten die fremden Menschen am Boden. Ich saß dort gespannt wie ein Flitzebogen, bis nach einigen Minuten langsam die Anspannung Platz machte für die Glückshormone, die durch meinen Körper rauschten. Danach verbrachten wir vierzehn Tage lang mit den großartigen Tieren: aus dem Wald holen, reiten, baden, füttern – ein tolles Erlebnis. Weil aber die Elefanten ab und zu etwas Pause von uns brauchten, unternahmen wir jeden Tag noch etwas anderes. Mal besuchten wir einen Tempel, mal erkundeten wir die Umgebung. Eine unserer Wanderungen mit einem Guide war nichts für Sofatiger: Wir liefen an Reisfeldern vorbei, schlugen uns durch das Dickicht des Regenwaldes, kletterten über Baumstämme, versackten bis zum Knöchel im Matsch. Total aufregend und ein großer Spaß – zumindest in den ersten zwei Stunden. Dann verließen die Kinder und mich langsam die Kräfte. Ich fragte unseren Guide: »Sind wir bald zurück im Camp?«

»Ja, ja, bald im Camp«, versicherte er mir.

Diese Antwort erhielt ich von da an in regelmäßigen Abständen, bis wir nach fünf Stunden endlich völlig erschöpft in der Unterkunft ankamen. Warum unser Guide nicht die Wahrheit sagte? Ich weiß zu wenig über die thailändische Kultur und kann daher nur spekulieren. Vielleicht wollte er uns bei Laune halten, vielleicht aber war es auch eine kulturelle Sprachblockade wie in vielen Ländern, wo es unüblich oder gar ein Tabu ist, ein »Nein« auszusprechen.

Auch Araber sind sehr höflich und enttäuschen nicht gern.

Das lernte ich in der Zeit, nachdem wir Moaaz, einen jungen Mann aus Syrien, in die Familie aufgenommen hatten. Sagte er »Ja«, meinte er »Vielleicht«, sagte er »Vielleicht«, meinte er »Nein«. Ein striktes »Nein« vermied er komplett, um mich nicht vor den Kopf zu stoßen. Und auch seine Aussage »No problem« hätte ich damals besser hinterfragt… Zum Beispiel, als meine Mutter in die Seniorenresidenz umzog.

»Hast du Lust, beim Einrichten zu helfen?«, wandte ich mich an Moaaz. »Kannst du Ikea-Möbel aufbauen?«

»Ja – of course. That's normal«, antwortete er spontan. Und fügte noch sein »No problem« hinzu.

Nachdem ich ihm das Werkzeug und die Aufbauanleitung in die Hand gedrückt hatte, machte er sich eifrig an die Arbeit. Im Handumdrehen waren die Schrauben schief eingedreht, nach zehn Minuten war die Schublade nicht mehr verwendbar. Meine Söhne hätten ohne jegliche Skrupel gesagt: »Schränke zusammenbauen? Kein Plan!« Für Moaaz undenkbar.

Wenn es um nüchterne Fakten geht, sind wir Deutschen sehr korrekt und nahe an der Wahrheit. Aber im zwischenmenschlichen Bereich haben auch wir an vielen Stellen Probleme mit der Wahrheit, reden lieber um den heißen Brei herum – und sind total perplex, wenn andere es nicht tun.

Vor einigen Jahren lud ich meine Schwiegermutter zu Weihnachten ein. Sie lehnte dankend ab. Auf mein »Warum?« erklärte sie mir: »Ich bin achtzig Jahre alt und möchte meinem Herzen folgen. Dieses Jahr möchte ich lieber mit YZ feiern.«

Ihre direkte Antwort überraschte mich damals. Sicher hätte

sie sagen können: »Vielen Dank für die Einladung. Wie unglaublich schade! Ich wäre sooo gern gekommen, aber leider hat YZ mich früher eingeladen, und ich habe bereits zugesagt.« Damit hätte sie sich an die übliche Etikette gehalten.

Wer sich traut, seine Meinung ehrlich und ohne süße Verpackung zu äußern, braucht Mut und lebt gefährlich. Denn die Reaktion auf Wahrheiten ist unberechenbar. Ich jedenfalls war damals total beleidigt, verletzt und verärgert. Aber ist das unehrliche Höflichsein immer gut?

Am Beispiel meiner Mutter lernte ich, dass es ganz schön nach hinten losgehen kann: Nach ihrer Scheidung hatte sie einen neuen Lebenspartner. Um ihr eine Freude zu bereiten, brachte er ihr ab und zu Lebensmittel aus dem Großmarkt mit, beim ersten Mal auch einige Maisdosen. Keiner in unserer Familie mag Mais aus der Dose. Und solange ich mich erinnern kann, predigte meine Mutter: »Wer nicht sagt, was er will, bekommt nicht das, was er möchte.«

Umso erstaunter war ich, als sie sich mit überschwappender Freude und mehrfacher Beteuerung, wie gern wir alle Mais äßen, bei ihm bedankte. Sie war reingetappt in die »Aus-Liebe-Falle«. Das Resultat: Angespornt von ihrer Begeisterung, brachte er beim nächsten Mal gleich eine ganze Palette Maisdosen mit. Für meine Mutter war es indessen zu spät, um aus dem Unwahrheitskarussell auszusteigen. Den Freund gibt es schon lange nicht mehr, aber im Keller stapeln sich noch immer Dutzende verstaubter Konserven. Und ich bin sicher, dass es überall um uns herum Tausende weitere Höflichkeitsopfer gibt: Ehemänner, die seit zwanzig Jahren Kohlrouladen herunterwürgen, Frauen, die jedes Jahr wieder ungewünschte Küchenmaschinen zum Geburtstag bekommen, ganz zu schweigen von den Lügen im Ehebett…

Warum fällt es uns so schwer, das zu sagen, was wir wirklich meinen? Meistens tänzeln wir um die Wahrheit herum, um den anderen zu schonen. Aber warum verletzen wir dann eher uns selbst, als dem anderen eine Enttäuschung zuzumuten? Die Wahrheit über die Wahrheit ist: Eine Welt ohne Lügen ist Illusion. Und es gibt so viele verschiedene Arten von und Gründe für Schwindeleien wie Schokoladensorten. Vielleicht liegt irgendwo zwischen süßen Notlügen und bitteren Betrügereien das Maß der Mitte. Nicht zuletzt, weil Notlügen auch sozialer Schmierstoff sein können, damit das Zusammenleben in der Gesellschaft reibungslos läuft – und die Quote der Gewaltverbrechen im Zaum gehalten wird. Klingelt das Telefon, und es nervt schon wieder jemand mit dem Anliegen, eine Versicherung oder einen neuen Handyvertrag zu verkaufen, ist es selbstverständlich einfacher zu sagen: »Hab ich schon!«, als stundenlang zu erklären, warum kein Interesse besteht. Treffen Sie nach zehn Jahren auf der Straße eine ehemalige Kollegin, die im Gegensatz zu Ihnen ganz begeistert über das Wiedersehen ist und sich unbedingt verabreden möchte, ist es natürlich höflicher zu sagen: »Gute Idee. Ich melde mich nächste Woche«, als: »Leider null Interesse, ich hatte schon damals keinen Draht zu dir!«

Noch ein Beispiel für eine weitere heikle Situation, in der es uns schwerfällt, dem geliebten Bettnachbarn die Wahrheit zu sagen: »Ich möchte heute lieber meinen Krimi zu Ende lesen, statt zu knutschen…«

Das Problem mit den Notlügen in Familie und Partnerschaften habe ich schon am Beispiel meiner Mutter geschildert. Irgendwann ist der Berg an Notlügen zu hoch geworden, um die Wahrheit freizuschaufeln – ohne dass uns dabei Kohlrouladen oder Mais um die Ohren fliegen und vielleicht sogar ganze Liebes- und Lebenskonstrukte zusammenkrachen. Es lohnt sich unbedingt, genau zu überlegen, wen man belügt und warum. Also: Bevor man einen Salto vor angeblicher Freude über Sex am Kronleuchter hängend macht, sollte man darüber nachdenken, dass man da vielleicht nie wieder runterkommt. Heute bewundere ich die Ehrlichkeit meiner damaligen Schwiegermutter. Wäre meine Mutter annähernd so mutig gewesen, hätte sie uns eine Dekade ungeliebter Gerichte von Mais-Speck-Muffins über diverse Maissalate bis hin zu Tonnen von Chili con Carne erspart.

Wäre das Leben also nicht einfacher, wenn wir uns trotz Liebe, Freundschaft, Rücksichtnahme trauen würden, die Wahrheit zu sagen oder so nah wie möglich an ihr zu bleiben?

Ob Freunde mich zum Essen einladen, mit mir ins Kino gehen möchten oder mich fragen, ob ich sie auf einen Stadtbummel begleite – ich übe mich seit einiger Zeit im ehrlichen Antworten. Statt wie früher zu sagen: »Schade, ich habe leider keine Zeit, ich wäre sooo (!) gern mitgegangen, habe aber leider (!) schon etwas anderes vor«, antworte ich ganz ehrlich, dass

- mir nicht nach einem Restaurantbesuch zumute ist und ich heute lieber mit meinen Kindern Pizza backen will
- diese Veranstaltung für mich nicht so interessant klingt

- ich etwas Alleinzeit und Ruhe brauche, lieber mit meinem Hund auf dem Sofa liegen und meine Lieblingsserie gukken möchte.

Manchmal stoße ich damit sicher auf Unverständnis und laufe Gefahr, als skurril, egoistisch, eigenbrötlerisch oder sogar als Spielverderberin abgestempelt zu werden. Und der eine oder andere fühlt sich vielleicht auf den Schlips getreten, weil ich sein freundlich gemeintes Angebot ablehne. Aber meistens erlebe ich – nach kurzem Innehalten – volles Verständnis. »Das kenne ich selbst so gut. Manchmal möchte ich eigentlich auch etwas ganz andres machen, aber …« Das fühlt sich für mich im Umgang besser an. Und außerdem: Wer dreimal lügt, dem glaubt man nicht …

Ehrlichkeit gibt uns zudem Halt, selbst wenn's mal kurz wehtut. Es ist doch viel leichter, sicher zu sein, dass meine Freundin wirklich Lust hat, mit mir und einem Glas Sekt meinen Kleiderschrank auszusortieren, mit meinem Sohn Mathe zu büffeln oder den Hund übers Wochenende in Pflege zu nehmen, wenn sie umgekehrt auch ehrlich Nein sagen kann.

Ja, es gibt Menschen, die halten sich lieber die Ohren zu, als die Wahrheit zu hören, weil eine freundliche Notlüge unkomplizierter ist, als sich mit den Beweggründen und Befindlichkeiten seines Gegenübers auseinanderzusetzen oder seine eigenen zu offenbaren.

Ich würde der Cousine nicht am Wochenende beim Tapezieren des Schlafzimmers helfen, die Kinder der Nachbarin mal nicht betreuen und auch den Artikel einer Kollegin nicht redigieren, wenn ich ständig am Rande des Burn-outs damit kämpfte, überhaupt die eigenen Aufgaben zu erledigen. Natürlich würde ich meiner Freundin zuhören und sie trösten, wenn sie Liebeskummer hat. Aber ich würde nicht die halbe Nacht lang telefonieren, wenn ich dringend Schlaf brauche. Umgekehrt trage ich es auch niemandem heimlich nach, wenn ich ein Nein bekomme, sondern habe Verständnis. Ich halte die Balance zwischen Ehrlichkeit und Taktlosigkeit, indem ich mich frage, was ich in der jeweiligen Situation will – für mich und den anderen. Zu meiner Freundin sage ich dann vielleicht: »Ich würde dir so gern länger zuhören, doch ich kann einfach nicht mehr, ich könnte heulen vor Erschöpfung, so viel ist hier los.«

Aber wenn ich denke, dass XY eine alte Schlampe ist, muss ich das nicht sagen. Und wenn ich »Siehst du heute müde aus« denke, kann ich auch mal die Klappe halten.

In diesem Rahmen betrachtet: Wie wäre eine Welt, in der jeder sagen darf, was er kann, mag und tun möchte – oder eben nicht –, ohne dafür gleich verurteilt zu werden? Und was wäre, wenn wir selbst weniger Urteile fällen und stattdessen tatsächlich versuchen würden, mit anderen in echten Kontakt zu kommen?

Fühlt sich das nicht großartig und nach einer ganz neuen Freiheit an? Vor allem nach unendlich großer Entspannung – das wird sofort jede Frau verstehen, die nach Jahren von wildem Sex am Kronleuchter endlich wieder bewegungslos auf dem Rücken liegen darf.

3

Warum Frauen nicht Ski fahren können

Frauen im Beruf – ein Ex-Tabu mit Langzeitwirkung.
Es ist kaum noch vorstellbar: Bis 1977 brauchten Frauen
die Zustimmung ihres Ehegatten, wenn sie arbeiten
wollten. Heute ist es fast umgekehrt: Frauen dürfen ohne
Ende arbeiten – im Job und zu Hause …

Zwölf Uhr mittags, endlich saß ich am Schreibtisch. Viel zu spät, um noch das Arbeitspensum des Tages zu schaffen – und schon so müde, als wäre es acht Uhr abends. Am Morgen war ich bereits um sechs Uhr aufgestanden und eine Runde mit dem Hund gelaufen, während alle anderen Familienmitglieder noch selig geschlafen hatten. Im Anschluss hatte ich Frühstück und Schulbrote für die Jungs vorbereitet, schnell online und mit 24-Stunden-Zuschlag einen neuen Hockey-Mundschutz für Sohn Nummer vier bestellt und dazu die Deutschlektüre für Sohn Nummer drei, meine Mutter zum Kardiologen gebracht und den Hund zum Tierarzt, um einen neuen Kastrations-Chip einpflanzen zu lassen. Und dieses Potpourri aus Alltagsaufgaben war keineswegs eine Momentaufnahme, sondern wiederholte sich in Abwandlungen jeden Tag.

Zufall oder Wink des Schicksals? Just an diesem Tag sollte ich für ein Frauenmagazin einen Artikel über Burn-out bei Frauen schreiben und stieß bei der Recherche im Netz auf den Selbst-Test »Sind Sie Burn-out-gefährdet?«:

»Sind Sie oft gereizt und leicht reizbar? Fühlen Sie sich leer, ausgelaugt und erschöpft? Sind Sie schnell müde und kaum noch belastbar? Fällt es Ihnen schwer, sich zu konzentrieren? Leiden Sie unter Schlafstörungen?«

Während ich Frage für Frage durchging, spürte ich einen langsam wachsenden Kloß im Hals: sechsundzwanzig Fragen, vierundzwanzig Treffer! Nur die Einnahme von Drogen und die äußerliche Verwahrlosung hatte ich verneinen können. Ich klappte den Deckel meines Laptops zu und weinte. Erstens vor Erschöpfung, zweitens vor Erleichterung, weil hier endlich schwarz auf weiß stand, was ich schon lange fühlte: *Ich kann nicht mehr.*

Eine Nachbarin mit drei Kindern und Vollzeitjob war vor einigen Wochen zusammengebrochen und in einer psychosomatischen Klinik gelandet. Und ehrlich gesagt: Am liebsten wäre ich ihr sofort dorthin gefolgt. Ich hatte vor vielen Jahren auch einmal mit meiner Hausärztin zusammen einen Antrag auf eine Kur gestellt, die damals sofort bewilligt worden war. Aber es hätte bedeutet, die Kinder aus der Schule und mit in die Klink zu nehmen. Zwei Wochen lang quälte ich mich damals mit Schuldgefühlen und der Frage: Kann ich es meinen Jungs zumuten, sie für Wochen aus ihrem Alltag zu reißen – nur meinetwegen? Die Schuldgefühle siegten, ich sagte den Kuraufenthalt schweren Herzens ab und stellte nie wieder einen neuen Antrag – egal, wie erschöpft ich war.

Von 1880 bis 1951 galt das sogenannte Lehrerinnen-Zölibat: Wenn eine Frau im Staatsdienst Kinder unterrichten wollte, durfte sie nicht heiraten. Man traute ihr nicht zu, der Doppelbelastung durch Beruf und Familie standzuhalten. Warum dieses Gesetz nur für Lehrerinnen galt und nicht für Krankenschwestern? Vielleicht gab es einfach viele Männer, die ins Lehramt wollten, aber wenige männliche Anwärter für den Pflegeberuf, oder kennen wir einen einzigen »Krankenbruder« aus der Vergangenheit?

So absurd es klingen mag – ganz unberechtigt ist die Befürchtung nicht, was die Bedenken in Sachen Doppelbelastung angeht – zumindest was mich betrifft. Und ich bin offenbar nicht allein: Laut einer Allensbach-Studie fühlen sich 80 Prozent aller Frauen von den Anforderungen in Beruf und Familie überfordert. Es gab Zeiten in meinem Leben, da war ich so fertig, dass ich zu meinen Jungs gesagt habe: »Wenn heute Abend noch einer von euch das Wort ›Mami‹ verwendet, außer zum Gute-Nacht-Sagen, fange ich an zu weinen.« Und morgens fiel es mir angesichts der auf mich wartenden Aufgaben schwer, überhaupt aus dem Bett zu kommen.

Früher fühlte ich mich häufig sehr allein mit meinen wilden Jungs, hatte jahrelang Mitleid mit den überforderten Frauen dieser Welt – vor allem aber mit mir selbst. Obwohl es Väter gab, die am Leben der Jungs teilnahmen und die mich unterstützten, trug ich die Last des Alltags als allein mit meinen Kindern lebende Mutter kiloschwer auf meinem verspannten Rücken und der Burn-out-gebeugten Seele. Heute habe ich begriffen: Vielen Frauen geht es gegenwärtig auch nicht viel besser als mir damals. Wir sind fortschrittlicher geworden, Mann und Frau gehen beide ihren Jobs nach und teilen sich alles, was mit Haushalt und Kindern zusammenhängt – theoretisch zumindest. In der Praxis allerdings sieht es anders aus. Da übernimmt die Frau mindestens zwei Drittel der Arbeit. Zu ihren praktischen Alltagspflichten kommt dann auch noch die Verantwortung für die gesamte Planung rund um die Familie, vor allem die Last, ständig alles im Kopf haben zu müssen: vom Besorgen des Geschenks für den Kindergeburtstag über den Wochenend-Speiseplan bis zum Trösten der verlassenen Freundin.

»Mental Load« ist das Schlagwort der Stunde. Es beschreibt dieses Ungleichgewicht und die extreme Belastung der Frau in einer Zeit, in der es eben keine »klassische Rollenverteilung« mehr gibt. Denn für eine Frau, die sich für alles verantwortlich fühlt, wiegt die Last der kreisenden Gedanken noch schwerer als die Wäschekörbe. Vor allem deswegen, weil wir Frauen ständig so unglaublich perfekt sein wollen. Wir möchten den Job managen, immer für die Kinder da sein, Zeit für Freundinnen haben, eine liebevolle Partnerin sein, auf keinen Fall irgendjemanden enttäuschen! Ein hochgestecktes Ziel und aussichtsloses Unterfangen. Es ist unmöglich, ohne Pause und an sieben Tagen die Woche auf tausend Hochzeiten gleichzeitig zu tanzen, ohne Blasen zu bekommen.

Hand aufs Herz: Welche Frau ist nicht schon einmal beim Morgensex mit dem Partner in Gedanken die Aldi-Einkaufsliste durchgegangen? Und das ist nur die Spitze des Eisbergs. Nachts torpedieren unzählige Gedanken die ruhebedürftige

Seele: Es ist Frost angesagt, passen die Winterjacken vom letzten Jahr noch? Morgen unbedingt die Öffnung vom Recyclinghof mit dem Kinderturnen abgleichen. Was schenken wir der Schwiegermutter zum Geburtstag? Wie kommt Sohn Nummer vier ohne Fahrrad in die Schule? Und wer flickt den Reifen? Und was, wenn aus dem Schnupfen des Jüngsten über Nacht eine fiebrige Erkältung wird und er nicht in die Schule kann – denn das Konzept für den Artikel muss unbedingt vor der Themenkonferenz um elf Uhr abgegeben werden … Dazu wird im Geist die Liste für den Mann gleich mit erstellt. Denn völlig irrsinnig ist die Wunschvorstellung vieler Frauen, dass Männer Schrägstrich Söhne automatisch von selbst die zu erledigende Arbeit sehen. Mit Erstaunen habe ich erlebt, wie sie gelenkig über den Korb mit sauberer Wäsche klettern, der an der Treppe steht und darauf wartet, in ihre Zimmer zu gelangen, wie sie Haken um die Mülltüte vor der Eingangstür schlagen und auch nach minutenlangem hilflosem Starren und Suchen nicht die Milch im Kühlschrank finden oder den Korb für die schmutzigen Socken. Wie Gretel den Brotkrumen konnte ich früher manchmal durch das halbe Haus den Unterhosen, einzelnen Strümpfen und Hemden folgen, um zu den Mitgliedern meines Männerrudels bis in ihre Höhle zu gelangen. Und mir dann die Entschuldigungen für das Nicht-Nachdenken anhören: »Mütter haben einfach mehr Übung mit Hausarbeit« (meine Söhne), und: »Du bist einfach so viel besser im Organisieren, Schatz« (der Gatte).

Mal ehrlich: Ich bin sehr anfällig für Komplimente und durchschaubar leicht durch Lob zu motivieren, aber mit Kittelschürze auf die Welt gekommen bin auch ich nicht.

Und bis ich meinen Vier-Jungs-Hunde-Haushalt-Job-Alltag einigermaßen im Griff hatte und ein Du-bist-so-viel-besser-im-Organisieren-Schatz geworden bin, habe auch ich lange trainieren müssen.

Neulich habe ich irgendwo über Schlafstörungen bei Frauen gelesen. Dort hieß es, dass Frauen ihre Schlafstörungen, wen wundert es, in der Babyphase erwerben: ständig stillen, immer alle Antennen auf Empfang, bei jedem etwas lauteren Atemzug aus dem Kinderzimmer kerzengerade im Bett sitzen. Die wenig ermutigende Nachricht: Diese ständige Alarmbereitschaft setzt sich so fest, dass Frauen selbst dann, wenn die Kinder schon jahrelang durchschlafen, nur schwer in den alten Rhythmus zurückfinden. Oder noch schlimmer, übergangslos in die nächtliche Unruhe der Wechseljahre übergehen. Außerdem ist die 24/7-Mutter-Habtachtstellung sowieso lebenslänglich. Tolle Aussichten.

Wie gleichberechtigt sind wir Frauen also wirklich? Führungspositionen stehen uns heutzutage offen – theoretisch zumindest. Also falls wir beim Aufstieg nicht vor Erschöpfung zwischen die Sprossen der Karriereleiter treten und mit Burn-out in der Klinik landen. Wer sich aber traut, laut »Ich möchte mich nur um die Kinder kümmern« zu verkünden, wird vor allem aus den eigenen Reihen als faules Heimchen am Herd beschimpft. Genauso schlecht ergeht es allerdings denen, die sich trauen, das Rollenbild auf den Kopf zu stellen, die ihre Karriereträume verfolgen und ihre Kinder von Fremden – oder noch schlimmer: von ihrem Mann – betreuen lassen. Wie oft habe ich die lieben Geschlechtsgenossinnen hinter vorgehaltener Hand über andere Frauen lästern hören, über »Mannweiber« und »Karrieretussi« hin zu einer, die garantiert »keinen abkriegt« – und wenn doch, bestimmt die Kinder vernachlässigt!

Diese Erfahrung habe ich während meiner vorerst letzten Ehe selbst gemacht. Mein Mann war damals beruflich viel unterwegs. Natürlich kümmerte ich mich in seiner Abwesenheit um die Kinder. So wie er die Sorge für die Kinder übernahm, wenn ich als Reisejournalistin unterwegs war. Wir waren uns da total einig. Aber von außen wurde das Modell ganz anders betrachtet. »Und wer versorgt deinen Mann, wenn du nicht da bist? Wer hilft ihm bei den Kindern?«, bekam ich zu hören. Oder: »Da hast du aber ein riesengroßes Glück gehabt, dass er dich reisen lässt und sich auch noch um die Kinder kümmert …«

Hallo! Die Kinder waren doch kein Sonderposten im Supermarkt, nach dem Motto »Zahl zwei, nimm vier«, die ich meinem Mann als Überraschung mitgebracht hatte. Wir wollten sie beide, entschieden uns gemeinsam für sie, und er war und ist ihr Vater.

Auf Platz eins der No-go-Kommentare, die auf mein Muttergewissen abgefeuert wurden, landete: »Also, wenn ich so viel von zu Hause weg wäre wie du, wären meine Kinder ziemlich traurig und würden auch in der Schule nicht mitkommen.«

Was spricht da aus diesen Frauen? Ist die Kritik an den Geschlechtsgenossinnen vielleicht auch ein wenig Selbstschutz? Wollen sie vermeiden, sich mit ihren vergessenen Wünschen und ehemaligen Lebensträumen auseinanderzusetzen? Steckt nicht auch eine Portion Neid dahinter, weil man selbst dem Job nachtrauert, den man für die Kinder an den Nagel gehängt hat? Weil man später nicht den Mut gefunden hat, für die eigene berufliche Verwirklichung zu kämpfen? Ist es da vielleicht leichter, auf andere Frauen zu schießen, um die eigene Position zu verteidigen, statt aufbrechende Wunden zu lecken?

Oder sind selbstbestimmte Frauen, die nach Ausbildung und Studium ihrem Beruf treu bleiben möchten, in der gesellschaftlichen Realität noch immer unerwünscht?

Wenn man die Möglichkeiten für Frauen betrachtet, könnte man leicht auf die Idee kommen: Noch immer sind Betriebskindergärten Ausnahmen, noch immer kein Sharing-Modell für Karriereposten, noch immer keine gleichen Gehälter, noch immer wenig hochqualifizierte Männer für die gemeinsame Hausarbeit nach Feierabend.

Und zum Thema Frauensolidarität: Wir haben es doch ohnehin schwer genug. Wir leiden nicht nur unter schlechterer Bezahlung als die Männer, sondern auch unter ständig schlechtem Gewissen. Sind wir im Job, sorgen wir uns um die Kinder, mit den Gedanken immer halb zu Hause und ständig das Handy im Blick, falls eine Nachricht aus dem Kindergarten oder der Schule kommt. Und sind wir zu Hause und verbringen Zeit mit den Kindern, fühlen wir uns schlecht, weil wir eigentlich noch die Präsentation fertigstellen müssten. Wäre es nicht hilfreich, wenn wir Frauen uns da nicht noch gegenseitig ein schlechtes Gewissen machen würden? Für mich wäre es eine Bereicherung, würden wir uns stattdessen ermuntern, motivieren, unterstützen und zusammen für bessere Bedingungen kämpfen.

Übrigens: Ich wurde nicht ein einziges Mal gefragt, ob ich allein mit den Kindern zurechtkomme, wenn mein Mann beruflich auf Reisen war. Ich wurde auch nicht gelobt, wie toll es mir gelingt, in seiner Abwesenheit und ohne seine Hilfe den Familienalltag zu stemmen.

Die vielen Kommentare, die Kritik und Vorwürfe haben mich überrascht, frustriert und total verärgert. Und nein, ich spreche hier nicht nur von Müttern und Schwiegermüttern als Kommentatorinnen, denen sowieso immer gleich die Tränen in die Augen schießen, sobald sie einen Mann auch nur in der Nähe eines Wickeltisches sehen. Zu deren Entschuldigung lässt sich immerhin anführen, dass diese Frauen von einer Zeit geprägt wurden, in der Männer gar nicht wussten, wie man ein Baby versorgt – geschweige denn, dass sie bei der Geburt dabei waren. Sie tauchten oft erst dann im Kinderleben auf, wenn es galt, einen Drachen zu bauen, den ersten Freund der Tochter zu verscheuchen oder eine Wohnung fürs Studium zu suchen.

Aber warum geraten Frauen auch heutzutage noch schier aus dem Häuschen vor Begeisterung, wenn ein Mann einen Kinderwagen durch den Supermarkt schiebt oder geschickt auf dem Spielplatz Windeln wechselt?

Vielleicht, weil ein großer Teil von Frauen das auch heute leider nicht zu Hause erlebt. Aber statt einfach zu denken: *Prima, jedenfalls ein paar Exemplare dieser Spezies haben jetzt mal begriffen, wie es geht,* bieten sie diesen Vätern in überschießender Begeisterung in vielen Situationen ungefragt ihre Hilfe an. Als ich einmal mit meinem quengelnden Sohn auf dem Schoß in der S-Bahn saß, fühlte ich mich von den vorwurfsvollen Blicken der Frauen um mich herum wie ein Hase unter Schrotflinten-Beschuss. Wäre dagegen mein Mann mit unserem Kind unterwegs gewesen, hätten sie wahrscheinlich sofort Spielzeug, Bonbons und gute Ratschläge für ihn aus ihrer Handtasche gezaubert. Und womöglich hätte er am Ende auch noch ein Date gehabt. (Es scheint fast so, dass ein Baby auf dem Schoß für Männer ein noch attraktiveres Accessoire ist als ein Welpe an der Leine. Im Film *About A Boy* erfindet Hugh Grant sogar ein Baby, um in einer Selbsthilfegruppe für Alleinerziehende Frauen aufzureißen.)

Ich denke, mit so einem »Ich kann das als Frau natürlich besser als Männer«-Verhalten schießen wir uns selbst ins Bein. Und vermitteln nebenbei auch unseren Söhnen, der nächsten Männergeneration, immer wieder ein falsches Frauenbild.

Dabei genießen Väter bei Jungs oft sowieso schon einen riesigen Heldenvorsprung. »Papi kann ferngesteuerte Schiffe reparieren, geplatzte Fahrradreifen, die elektrische Eisenbahn und sogar unser Auto. Er kann mit einer Hand die Altpapiertonne hochheben und ist stärker als ein Indianer.« Das ist nicht nur lustiger Kindermund. Irgendwann war ich als junge Mutter so genervt von der Männer-Vergötterung, dass ich zu kreativer Höchstleistung auflief, um das Mutterbild zu retten. Und so würgte ich eines Tages auf dem Weg zum Schwimmbad absichtlich und unter Verwendung derbster Schimpfwörter den Motor unseres Autos ab, um einen Motorschaden vorzutäuschen. Danach öffnete ich die Motorhaube, tat so, als würde ich täglich am Motor herumbasteln, klopfte ein wenig mit meiner Haarbürste auf irgendwelchen Teilen herum und startete das Auto wieder mit den

Worten: »Ich glaube, das ist erledigt!« Von dem Staunen der Jungs lebte ich Monate. Als Reisejournalistin schwamm ich mit Delfinen, wanderte mit Kamelen durch die Wüste und interviewte sogar den Weihnachtsmann persönlich. All das wurde zwar anerkennend registriert, aber schon bald landete ich wieder in der »Mami-Kuschel-Schublade«. Wahrscheinlich muss ich mit einer Rakete zum Mond fliegen, um das gleiche Bewunderungslevel zu erreichen wie ein Mann.

Meine Freundin Silvia erzählte mir, dass sie früher jeden Morgen sofort an ihren Schreibtisch geeilt sei, sobald die Kinder in der Schule waren. Erst kurz vor ihrer Rückkehr sauste sie zum Einkaufen und kochte das Mittagessen. Ich glaube, dass viele Frauen meiner Generation es so machen: Einen Job ausüben ist für sie ein wenig wie Fremdgehen – keiner darf davon etwas mitbekommen, und es soll natürlich auf keinen Fall auf Kosten der Kinder gehen.

Eines Tages belauschte Silvia ein Gespräch, in dem ihre Tochter einer Freundin erzählte: »Meine Mutter arbeitet nicht. Sie ist fast immer in der Küche.«

Silvia war so geschockt, dass sie abrupt ihren Tagesplan änderte und fortan am Schreibtisch saß, wenn die Kinder aus der Schule kamen. Erst dann wurde das Mittagessen zubereitet oder auch schnell mal eine Tiefkühlpizza in den Ofen geschoben mit den Worten: »Ich bin heute überhaupt nicht zum Kochen gekommen, ich hatte einen sehr wichtigen Auftrag zu erledigen.«

Ich erinnerte mich daran, dass es bei mir genau umgekehrt war. Meine Mutter arbeitete ganztags, war kaum zu Hause und ich oft allein mit Tiefkühlpizza und Nutellabroten. Bis zur Pubertät träumte ich davon, dass meine Mutter mich mit Kittelschürze an der Tür erwartete, wenn ich nach der Schule nach Hause kam. Verrückt. Es ist wie mit den Locken und dem glatten Haar. Man wünscht sich immer das, was man nicht hat, oder?

Übrigens: Längst hat sich Silvias Tochter nicht nur daran gewöhnt und verstanden, dass ihre Mutter auch Interessen hat, die sich nicht um die Familie drehen, und einen Beruf, den sie liebt, sondern ist auch sehr stolz auf sie.

Eine andere Freundin von mir arbeitete in einer Führungsposition in ihrem Traumjob, bevor sie schwanger wurde. Als sie nach der Elternzeit zurückkehrte, war ihr Posten belegt. Sie hatte nicht einmal mehr einen Schreibtisch, und ihre Chefin machte ihr eiskalt klar, warum: »In Teilzeit eine Führungsposition – und wovon träumst du nachts…?«

Bei uns in Hamburg gibt es einen Laden mit dem Namen »Who's perfect«. Da werden Designer-Möbel mit kleinen, in der Regel unmerklichen Fabrikationsfehlern zum Discountpreis verschleudert. Werden wir Frauen nach der Babypause vielleicht auch zu »Who's perfect«-Frauen? Qualifizierte Fachkräfte mit leichten Dehnungsstreifen jetzt günstig zu haben, oder was? Zwischen Windeleimer und Spielplatz verlieren Mütter häufig ihr berufliches Selbstbewusstsein, präsentieren sich beim Wiedereinstieg unsicher und verkaufen sich weit unter ihrem Wert, lassen sich abwerten und auf eine niedrigere Position zurückstufen, weil sie ständig damit hadern, nicht gut genug zu sein, ein schlechtes Gewissen haben, wenn sie übermüdet sind oder mit ihren Gedanken beim Kind.

Das lebensrettende Gegenmittel zum »Mental Load«-Problem, der Fluchtplan aus dem kräfteraubenden Hamsterrad, heißt »Female Empowerment«. Eine Bewegung, die für Gleichberechtigung und faire Chancen von Frauen kämpft. Gegen versteckte Diskriminierung, gläserne Decken und tief verwurzelte Vorurteile.

Die Schauspielerin Emma Watson sagte in einem Interview: »Frauen fühlen sich, als bräuchten sie eine Erlaubnis, etwas zu tun – das müssen wir ändern.« Damit hat sie mir aus dem Mutterherzen gesprochen und kräftig am Boden des angebrannten Milchreises gekratzt.

Gerade erst bin ich selbst wieder in die Erlaubnis-Falle getappt. Ich hatte den Auftrag bekommen, für eine Reportage nach Neufundland zu reisen. Für mich ein Traumangebot. Natürlich war auch diesmal Mutters Abwesenheit durchorganisiert – von der Betreuung der Jungs durch ihren erwachsenen Bruder über das Wochenende bei Papi bis hin zum Belag des täglichen Schulbrotes. Und längst hatten die Jungs mehrfach verkündet, dass sie natürlich auch ohne mich gut zurechtkämen. Trotzdem musste ich mich vor meiner Abreise ein letztes Mal versichern: »Ist es wirklich für euch in Ordnung, wenn ich jetzt weg bin? Habt ihr noch Fragen? Fehlt noch etwas?«

Juri guckte mich mit ernstem Gesicht und Sorgenfalten auf der Stirn an. »Sag mal, Mami, ist in dieser Zeit nicht der erste Advent?«

Sofort schoss mir die Hitze in den Kopf. Daran hatte ich gar nicht gedacht: Adventskranz, Adventskalender, heilige Familienzeit.

Dann fiel Johann ein: »Das ist aber sehr, sehr traurig für Kinder, wenn eine Mutter am Adventssonntag nicht da ist.«

Zack – die Worte trafen meinen Magen wie ein Faustschlag. Und der Mutter-Gewissens-Pegel schlug von null auf hundert.

Die zwei bekamen einen Lachkrampf. »Das war ein Witz! Natürlich ist das in Ordnung«, prusteten sie.

Scheitern wir Frauen am Anspruch an uns selbst? Am Wunsch, perfekt zu sein – rund um die Uhr für Kinder, Mann/Frau, Freundin, Familie verfügbar, ein funktionierender Haushalt, eine tolle Partnerin? Dabei stellen wir unsere Wünsche oft hintenan und verzichten häufig sogar darauf, unseren Traumberuf auszuüben. Wie sagt meine vierundneunzigjährige Mutter oft: »Einen Tod muss man immer sterben.«

Ein guter Ansatz, wie ich finde – vor allem in Bezug auf die Erwartungen der Gesellschaft. Egal, für welches Lebens- und Berufsmodell wir uns entscheiden, Tatsache ist: Die Leute reden immer! Also können wir gleich getrost darauf pfeifen und so leben, wie es zu uns passt. Zählen tut doch nur, was sich richtig für uns und unsere Familie anfühlt. Apropos reden: Eine neue Frauenbewegung aus England sorgt im Moment für heißen Gesprächsstoff in meinem Freundinnenkreis: die »Tradwives«.

»Tradwife« steht für »Traditional wife«, die traditionelle Ehefrau. Die Anhängerinnen der Bewegung plädieren in High Heels und mit Blümchenschürze begeistert für die Rückkehr in die traditionelle Rolle als Hausfrau und Mutter, die nach ihrer Auffassung der natürlichen weiblichen Bestimmung entspricht. Klingt wie ein Gruß aus den Fünfzigerjahren, in denen Frauen noch gesellschaftlich an den Herd gefesselt waren, ohne Zustimmung ihres Mannes weder einen Beruf ausüben noch den Führerschein machen durften. Die Tradwives feiern sich hingegen überraschenderweise als wahre Feministinnen – mit der Begründung, dass sie sich, im Gegensatz zu ihren Geschlechtsgenossinnen damals, ganz freiwillig und aus voller Überzeugung für dieses Lebensmodell entschieden haben.

»Was steckt eurer Meinung nach wirklich hinter der Motivation dieser Frauen?«, fragte ich meine Pasta-Freundinnen bei unserem letzten Treffen. »Ist diese Retro-Bewegung vielleicht auch ein wenig Flucht in die Sicherheit der Familie? Flucht aus der Doppel- und Dreifachbelastung, die eine Generation von Frauen jeden Tag wieder am Rand des Burnouts balancieren lässt? Eine Kapitulation vor dem Anspruch, in allen Bereichen perfekt zu sein, an dem wir Frauen doch jeden Tag aufs Neue kläglich scheitern?«

Ada, Schulfreundin und Teilnehmerin meiner Freitags-Frauenrunde, runzelte nachdenklich die Stirn: »Mich erinnert diese Diskussion an die *Flucht von Alcatraz*.«

Sie lachte, als sie unsere verdutzten Gesichter sah. »Durch die Geburt landen wir Frauen automatisch für ein paar Jahre im Mutter-Gefängnis«, setzte sie zur Erklärung an. »Einige von uns halten die Isolation schwer aus und wollen schon kurz nach dem Wochenbett einen Tunnel unter der gesellschaftlichen Erwartung hindurch zur Welt graben. Andere sitzen geduldig ihre Zeit ab und versuchen dann, nach der Entlassung und mithilfe von verschiedensten Rehabilitationsmaßnahmen, zurück ins Arbeitsleben zu finden. Und dann gibt es Frauen, die sich wie manche Langzeit-Häftlinge gar nicht mehr in die Arbeitswelt zurücktrauen. Kaum entlassen, werden sie rückfällig, um so schnell wie möglich wieder in die Struktur und Sicherheit des Gefängnisses zurückzukehren, weil sie sich den Anforderungen da draußen nicht mehr gewachsen fühlen.«

Frederike schenkte Ada einen »Die hat wohl einen Prosecco zu viel gehabt«-Blick, während Natalie nachdenklich die Stirn runzelte.

Mir gefiel der Vergleich. Natürlich möchte ich das Mutter-Dasein nicht wirklich mit dem Aufenthalt im Gefängnis vergleichen. In meinem Leben waren die Geburten meiner Kinder die großartigsten Erlebnisse überhaupt. Aber trotzdem: Das Gefängnis-Bild ist wunderbar anschaulich und schon ein wenig mit dem Rückzug der Tradwives vergleichbar, oder?

Babs' Gesicht hingegen nahm die Farbe der Tomatensauce auf ihren Nudeln an. »Das ist doch völlig verrückt! Diese Frauen gefährden unseren jahrzehntelangen Kampf um Gleichberechtigung! Sich hinter dem Herd zu verstecken, weil die Arbeitsbedingungen für Frauen noch immer härter sind als für Männer? Das ist doch keine Lösung!«, empörte sie sich. »Es müssen einfach Lösungen her, um Frauen zu unterstützen, ihnen zu ermöglichen, ihren Traumberuf auszuüben, Job und Familie zu vereinbaren, ohne dass sie jeden Abend auf dem Zahnfleisch ins Schlafzimmer kriechen.«

Kann sein, dass in hundert Jahren kein Mensch mehr von »Mental Load« und »Burn-out« spricht und Mann und Frau gleiche Rechte und Arbeitsbedingungen haben. Schön für die

Menschheit, leider zu spät für uns Frauen hier und heute. Ich habe jedenfalls überhaupt keine Lust darauf, zu warten und Abend für Abend meine wunden Opfer-Füße zu lecken, bis das Frauenleben gerechter wird.

Als Kind kam ich einmal am Morgen in das Zimmer meiner Mutter und fand sie überraschenderweise kopfüber auf einer Gymnastikmatte. Heute ist Yoga voll im Trend, damals war sie Pionierin. Sicher kam auch von ihr der Spruch, den ich schon mein Leben lang im Ohr habe: »Für Glück und Veränderung ist nur der Mensch zuständig, der uns morgens im Spiegel anschaut.« Also los, Frauen, lasst uns Abschied nehmen vom eigenen Perfektionsanspruch: Ich bin nicht perfekt und werde es auch nie werden. Und absolut tabu ist ab sofort der Vergleich mit anderen Müttern und Hausfrauen. Vor allem: Messe dich auf keinen Fall mit den Tradwives. Kein Mensch kann einen Fünfzigerjahre-Vorzeigehaushalt führen und gleichzeitig einen Job ausüben. Mut zur Lücke ist hierbei ein wunderbar hilfreiches Lebensmotto, in dem ich mich schon geübt habe, als mein Ältester die Grundschule besuchte, und zwar am »Tag der offenen Tür«. Alle Familien – es wurden zwar nicht explizit die Frauen aufgerufen, aber kein Mann fühlte sich damals angesprochen – wurden gebeten, für die Besucher und Gäste Kuchen mitzubringen. Ich hatte mich für eine beeindruckende und extrem leckere Tiefkühltorte entschieden. Die Blicke der Mütter, die mich so entsetzt anschauten, als hätte ich Cannabis-Kekse auf das Büfett gestellt, ignorierte ich lächelnd. Und meine Jungs feierten ebenso vergnügt Fasching mit dem Pistole-Sheriff-Stern-Cowboyhut-Set aus dem Supermarkt wie ihre Freunde, deren Mütter in mehreren Nachtschichten Piratenkostüme genäht hatten.

Und was die Aufgabenteilung im Haus betrifft – vielleicht ist es eine gute Idee, noch vor der Geburt des ersten Kindes darüber zu sprechen, wie die Pflichten und Aufgaben im Haushalt und die Kinderbetreuung künftig verteilt werden könnten. Sozusagen schon mal zum Warmwerden. Dann klappt es vielleicht besser, wenn das nächste Level erreicht ist: die Familienplanung in Sachen Rückkehr der Mutter in den Job.

Ich jedenfalls bringe meinem Nachbarn keine Suppe rüber oder passe auf sein Kind auf, weil seine Frau auf Fortbildung ist. So wird das nämlich nie was. Ich habe mir vorgenommen, meinen Teil beizutragen und an den Stellschrauben des Lebens zu drehen, ganz nach Mahatma Gandhi: »Sei du selbst die Veränderung, die du dir wünschst für diese Welt.« Dazu trete ich ein für mehr gesellschaftliche und politische Unterstützung. Um das Ex-Tabu *Frauen im Beruf* anzugehen, braucht es noch immer mehr Wertschätzung der Elternrolle überhaupt, Jobangebote und Karrieremöglichkeiten, für die man Kinder nicht verstecken muss, Männer, für die Familienarbeiten selbstverständlich sind und die nicht bloß den ehrenamtlichen Hilfsarbeiter mimen, der ab und zu mit anpackt, um der Frau eine kleine Freude zu machen.

Und vielleicht erzählt mir dann eines Tages einer meiner Enkelsöhne, während er mich im Rollstuhl die Elbpromenade entlangschiebt, dass seine Kinder an der Schule in Fächern wie »Aufgabenteilung in Partnerschaft und Haushalt« oder

»Karriere und Kinder« unterrichtet werden und er selbst beim Gespräch über Projekt- und Karriereplanung gefragt wurde: »Planen Sie, in den nächsten Jahren ein Kind zu bekommen und dafür Erziehungsurlaub zu nehmen?«

Dann werde ich ihm von den alten Zeiten erzählen, in denen Großmutter und ihre Freundinnen über Mental Load gestöhnt und für Gleichberechtigung gekämpft haben, in denen kaum Frauen im Bundestag saßen und so gut wie keine Männer halbtags arbeiteten. Und wir werden gemeinsam lachen über diese längst vergangenen und irrsinnigen Zeiten, bis mir das Gebiss in den Schoß fällt.

Mit dieser Vorstellung im Hinterkopf ertrage ich es dann auch leichter, wenn mein jüngster Sohn, wie letztens, mal wieder mein Wissen testen will: »Mami, warum, glaubst du, können Frauen nicht Ski laufen?«

Während ich das Pfannengemüse für das Abendessen umrührte und noch über eine pädagogisch wertvolle Antwort auf diese absurde Behauptung nachdachte, präsentiere er prustend die Lösung: »Weil es in der Küche nicht schneit.«

Aktuell kochen wir gemeinsam. So viel Liebe muss sein.

4

Kinder müssen draußen bleiben! Ein Tabu?

*Ob im Restaurant, Hotel oder in der Wellness-Auszeit —
wenn Mütter, Väter, Paare sich bekennen, dass Kinder sie
manchmal stören, geraten sie oft unter Beschuss, Hotel-
managern und Cafébesitzern, die auf Adult's only umstel-
len, droht ein Shitstorm bis hin zum #Schnullergate.
Warum eigentlich darf man nicht offen über das
Potpourri von elterlichen Emotionen sprechen?*

Ein hübsch gedeckter Tisch, eine Auswahl verführerischer
Antipasti, Kerzenlicht, leise Jazzmusik im Hintergrund…
Was ist schöner als ein romantischer Abend beim Italiener?
Links von mir saß der Mann meiner Träume, rechts stand
der Junge vom Nachbartisch. Mit vor Anstrengung rot leuch-
tenden Wangen erklomm er den freien Stuhl neben mir.
»Hallo, ich bin der Tobi.«

Hilfesuchend warf ich einen Blick zu den Eltern, die leider
beide hoch konzentriert in die Speisekarte blickten. Kurzerhand nahm ich den süßen Blondschopf auf den Arm und
brachte ihn mit einem Lächeln zurück an den Nebentisch.
»Hier ist Ihr kleiner Ausreißer.«

»Unser Tobi ist sehr neugierig. Er mag nicht gern auf seinem

Stuhl sitzen und geht lieber auf Entdeckertour. Das ist ja auch wichtig für seine Entwicklung«, erklärten sie Tobias' Besuch.

Ich kehrte zurück an unseren Tisch und widmete mich genussvoll den von Schinken umrollten Melonen und meinem Mann – bis Tobias zurückkehrte. Vor Freude glucksend, versteckte er sich unter unserem Tisch und kreischte, während er sich die weiße Damastdecke vor sein mit Tomatensauce verschmiertes Gesicht hielt. »Guck mal, wo bin ich?«

Eine junge Frau am Tisch gegenüber schenkte mir einen mitleidigen Blick, ein älteres Ehepaar schüttelte entsetzt den Kopf, nur die Eltern beachteten ihren Sohn nicht. Sie waren vollauf beschäftigt mit Tobias' beiden kleinen Geschwistern. Johlend warfen sie Besteck und Servietten auf den Boden und amüsierten sich köstlich, dass Mutti immer wieder alles brav apportierte. Meine Stimmung rutschte in den Minusbereich. So hatte ich mir den Abend wirklich nicht vorgestellt!

Endlich fasste ich mir ein Herz, stand auf und ging zum Nachbartisch: »Entschuldigen Sie die Störung. Könnten Sie bitte Ihr Kind unter unserem Tisch hervorholen? Und die anderen beiden ein wenig zur Ruhe bringen? Wir würden sehr gern ungestört essen und den Abend genießen.«

Die Frau starrte mich fassungslos an. »Das sind doch nur Kinder. Soll ich die etwa anbinden und ihnen den Mund zupflastern?«

»Vielleicht könnten Sie ihnen ein Bilderbuch oder Steckpuzzle…« Weiter kam ich nicht, weil die Frau mit einem Ruck aufstand. »Ja klar, ich nehme das halbe Kinderzimmer mit ins Restaurant. Was meinen Sie denn, wie lange das Interesse an so einem Puzzle anhält, hm?«

Beleidigt zog sie ihren Sohn unter unserem Tisch hervor und setzte ihn mit den Worten »Du musst jetzt bei Mama bleiben« auf ihren Schoß. Dann zeigte sie auf mich: »Diese Frau da, die mag keine Kinder!«

Und ihrem Mann flüsterte sie so, dass ich es gerade noch hören konnte, zu: »Wahrscheinlich ist das auch wieder so eine frustrierte kinderlose Zicke.«

Tja, diese »frustrierte kinderlose Zicke« war und ist glückliche Mutter von vier Söhnen. Gerade deswegen hatte ich mich so sehr über diese Alltagsflucht gefreut. Eine kurze Auszeit mit meinem Partner – einmal ganz ohne Kinder. Und ich hatte wenig Lust, in diesen kostbaren Stunden von anderen Kindern gestört zu werden. Bin ich egoistisch und intolerant, wenn ich mich ab und zu nach kinderfreien Zeiten und Zonen sehne? Immerhin stehe ich 24/7 auf Abruf parat.

Hand aufs Herz: Welche Frau ist trotz Gluckenglück nicht auch mal genervt von endlos dauerndem Zubettbringen, lautstarkem Toben oder streitenden Geschwistern?

Als junge Mutter geriet ich in den Neunzigern zum ersten Mal an meine Grenzen. Mein Sohn war ein unfassbares Energiebündel und konnte eine Kraft entwickeln, die für drei Einjährige gereicht hätte. Und das nicht nur tagsüber. Eines Freitagabends lag ich mitten im Kinderzimmer-Chaos erschöpft auf dem Fußboden und kämpfte mit den Tränen, während mein Sohn vergnügt auf mir herumturnte. Als mein Mann nach Hause kam, ließ ich den Tränen freien Lauf, legte ihm Justus in den Arm und mich ins Bett. Eine Woche später machte ich mich auf den Weg in die Lüneburger Heide für eine vierundzwanzigstündige Familienauszeit: lesen, spazieren gehen, essen, schlafen – nicht sprechen! Am nächsten Tag fuhr ich gleich nach dem Frühstück, mit aufgeladenen Batterien und voller Vorfreude auf meine Lieben, wieder nach Hause. Die kurze Pause hatte mir gutgetan. Und zum Glück hatte ich einen Ehemann, der mich und mein Bedürfnis nach Ruhe verstand und unterstützte. Von außen wurde mein Handeln allerdings eher misstrauisch betrachtet. Vor allem von anderen Müttern. »Wie kannst du nur ohne deine Familie wegfahren?«, hörte ich. Oder: »Hat dein Sohn dich nicht schrecklich vermisst?« Und: »Ich würde ja nie ohne meine Familie wegfahren.« Als wäre mir das Wegfahren leichtgefallen!

Doch müssten die anderen Mütter nicht am besten wissen, wie schwierig es manchmal ist, die eigenen Bedürfnisse zu ignorieren, weil das Kind erst mal davon abgehalten werden muss, Hundefutter oder Blumenerde zu verspeisen, CDs als Flugwurfgeschosse zu nutzen oder vom Fensterbrett zu stürzen?

Auch viele Jahre später, als Sohn Nummer drei und vier geboren waren und ich beruflich als Reisejournalistin regelmäßig unterwegs war, hörte ich diese Kritik. Und ich war keineswegs immun gegen die Vorwürfe, die zielsicher mein Gewissen trafen: Eine liebende Mutter tut so etwas nicht!

Umso schwerer fiel es mir, mich abzugrenzen, meine eigenen Bedürfnisse wahrzunehmen, zu formulieren und vor allem, sie dann auch zu realisieren. Trotzdem habe ich mir auch in den nächsten Jahren, mit zwei, drei und vier Kindern, immer wieder diese Alltagsfluchten gegönnt. Weil ich danach aufs Neue große Lust hatte aufs Mama-Sein und mir dadurch regelmäßig klar wurde: Genau das muss ich als liebende Mutter für mich tun. Mal verbrachte ich nur ein paar kinderfreie Stunden im Café oder Restaurant, mal ein paar Tage im Hotel: allein, mit einer Freundin oder mit meinem Partner. Dann wieder verlebte ich herrliche Zeiten mit den Jungs auf Bauernhöfen und in Kinderhotels.

Ich nahm mir die »Me-Time« aber auch, weil ich eben nicht nur Mutter bin, sondern auch Frau, Geliebte, Kollegin, Freundin, Mensch, ich selbst. Aber wer sich öffentlich dazu bekennt, dass ihn Kinder manchmal auch stören, landet heute sehr schnell in einer Schublade.

Womit haben Menschen zu kämpfen, die das Tabu brechen, dass Kinder immer und überall dazu- und hingehören? Eine Hotelmanagerin vertraute mir einmal an: »Wir haben unser Hotelkonzept der Nachfrage angepasst und auf Adults only umgestellt. Aber Sie ahnen ja nicht, was diese Entscheidung für einen Shitstorm ausgelöst hat. Ich werde per E-Mail sogar als blöde Sau und Kinderhasserin beschimpft, obwohl ich selbst vier Kinder habe. Und wissen Sie, was das Verrückteste ist?« Das wusste ich natürlich nicht, die Hotelmanagerin musste es mir verraten. »Bei mir fragen besonders viele Eltern an, die mal ein paar Tage Urlaub ohne ihren Nachwuchs verbringen wollen.«

Im April 2019 las ich im *Tagesspiegel* sogar, dass Urlaub nur für Erwachsene so stark nachgefragt werde wie nie zuvor. Buchen würden ihn neben Eltern und Kinderlosen besonders häufig Lehrer und Erzieher. Ich empfand es einerseits als sehr beruhigend zu erfahren, dass ich keineswegs die einzige Mutter war mit dem Bedürfnis nach kinderfreien Zeiten, andererseits war ich total erschrocken über die ausrastenden Eltern, von denen die Hotelmanagerin erzählt hatte. Hatten diese Mütter mit den Presswehen auch den letzten Funken Toleranz rausgedrückt? Ich verstand das Problem nicht. Es gibt doch in Deutschland jede Menge Möglichkeiten, die extra auf Kinder ausgerichtet sind, wo Eltern entspannt mit ihren kleinen Kindern essen, trinken, klönen, spielen können. Und an solchen Orten habe ich mich mit meinen Kindern immer viel wohler gefühlt als in Restaurants, wo ich ständig auf der Hut sein musste, dass sie nicht die anderen Gäste störten.

In einen Shitstorm, ja, geradezu einen Mütter-Krieg geriet auch eine mutige Cafébesitzerin in Hamburg, die sich entschloss, Kindern unter sechs Jahren den Zutritt zu verbieten.

Die Argumente dagegen: Kinder sind Teil der Gesellschaft, gleiches Recht für alle Menschen, keine Diskriminierung, Ausschluss von bestimmten Personengruppen geht gar nicht.

So weit völlig nachvollziehbar. Was ich jedoch nicht begreifen kann: Sogar die Fensterscheibe ihres Cafés wurde mit Farbe besprüht. Darunter stand: »Kevin, 6 Jahre – ☹«.

Aber hat eigentlich je jemand Kevin und seine Kumpane gefragt, ob sie die Spielzeit mit ihrer Mutter überhaupt im Café verbringen möchten? Ich bin da nämlich gar nicht so sicher. Aber selbst wenn – warum attackiert man Café- und Hotelbesitzer, die den Mut haben, auf die Bedürfnisse ihrer Gäste zu reagieren?

Auch eine Café- und Bar-Betreiberin aus Blankenese, selbst Mutter, äußerte sich dazu: »Gerade junge Mütter Ende 20 sehen es heute anscheinend als besonderes Verdienst, überhaupt ein Kind bekommen zu haben. Sie tragen ihr Kind wie einen Pokal vor sich her und glauben, sie hätten somit einen Freibrief für Verwüstung.«

Viele Gastronomen ändern nicht etwa deshalb ihr Konzept, weil sie Kinder nicht mögen oder um das Bedürfnis Ruhesuchender zu erfüllen, sondern auch, um ihre Räume und Mitarbeiter zu schützen. Manche Eltern lassen ihre Kinder mit dreckigen Gummistiefeln über Sitzkissen laufen und hindern sie auch nicht daran, vor den Kellnern herumzutoben, Stühle zu verrücken oder mitgebrachtes Spielzeug so auf dem Boden auszubreiten, dass diese nicht mehr ordentlich bedienen können.

Was ist los mit diesem Mütter-Shitstorm? Ein Vergleichsversuch: Neulich habe ich Michael Gantenbergs Roman *Urlaub mit Esel* gelesen. Da schickte eine Ehefrau ihren Mann im Urlaub allein in die Uckermark auf Eselwanderung, statt mit ihm gemeinsam in die Ferien zu fahren. Es ging darum, dass sie sich wünschte, ihr Mann, dem diese Idee zunächst gar nicht gefiel, würde das eine oder andere Lebensthema einmal allein überdenken.

Ob da jemand bei der Lektüre als Erstes denkt: »Männerhasserin, diese Frau hätte niemals heiraten dürfen«?

Oder anders gesagt: Wenn ich einer Freundin den Klönabend absage, weil ich Ruhe möchte, würde doch auch niemand auf die Idee kommen, deshalb das ganze Konzept Frauenfreundschaften infrage zu stellen. Warum aber kochen die Gemüter so schnell hoch, wenn es um Kinder geht? Warum ist Frauen beim Thema Kinder keinerlei Zwiespältigkeit erlaubt? Wieso wird jemand, der einfach mal seine Ruhe haben will, als Kinderhasser verschrien?

Früher habe ich mich manchmal zwischen den tobenden Jungs aus Verzweiflung im Gästeklo eingeschlossen, um in Ruhe, von Klodeckel zu Klodeckel, mit einer befreundeten Mutter zu telefonieren. Und ich habe auch Männer erlebt, die sich mit Laptop oder Buch dort einschlossen. Einmal habe ich sogar an die WC-Tür geklopft, da ich dachte, mein Mann hätte vielleicht eine überraschende Herzattacke erlitten, weil er über eine Stunde verschwunden war. Und hinter vorgehaltener Hand erzählte mir neulich der Mann einer Freundin, dass es Tage gebe, an denen er so erschöpft von der Arbeit sei, dass er keine Kraft mehr für die Kinder habe und nach Feierabend so lange um den Block fahre, bis im Kinderzimmer das Licht ausgegangen sei.

Ist es in einer solchen Situation denn nicht normal, ab und zu von einer ordentlichen Wohnung zu träumen oder von einem kinderfreien Nachmittag im Café oder in der Wellness-Oase?

Ich bin ja auch absoluter Hundefan. Und wir alle lieben unseren Jagdhund Carlo von ganzem Herzen, aber: Wenn er den Mülleimer auseinandernimmt, während ich in der Badewanne liege, und die Küche aussieht wie ein Schlachtfeld, oder wenn er beim Joggen abhaut, um hinter einer Hecke eklige Essensreste zu vertilgen, überkommen mich kurzfristig Gefühle, über die ich selbst erschrecke, bis wir am Abend wieder zusammen auf dem Sofa liegen.

Ambivalenzkonflikt heißt das, woran ich dann »leide«. Darüber las ich neulich einen spannenden Artikel in einem

Frauenmagazin und erfuhr, wie vielfältig Dilemmas dieser Art sind. Ich möchte gesünder leben, kann aber nicht auf meine Schokolade verzichten. Ähnliches gilt auch für die elementaren Lebenswünsche: Ich sehne mich nach einem Partner, habe aber gleichzeitig Angst davor, meine Freiheit zu verlieren. Ich möchte hartnäckig an meiner Karriere arbeiten, aber auch mehr Zeit für die Familie haben.

Bei mir gehört dazu, dass ich unbedingt mit Kindern leben möchte, aber auch meinen individuellen Freiraum brauche. Also, noch mal die Frage: Warum werden, was Kinder angeht, die unterschiedlichen Gefühle weniger toleriert als in anderen Bereichen? Warum gilt beim Thema Kinder oft das Prinzip »Alles oder nichts«? Entweder, ich bekenne mich ohne jegliches Murren für das ganze Kinderpaket, oder ich entscheide mich komplett dagegen.

Beim Lesen des Artikels wurde mir klar, warum wir häufig so schwarz-weiß denken und keine lösungsfreien Zonen aushalten: »Wer Lösungen findet, überlebt. So ist unser Gehirn programmiert«, hieß es dort. »Das Problemlösegehirn speichert die Vergangenheit im Gedächtnis, um mit der Zukunft besser klarzukommen.« Auch der Einfluss der sozialen Medien wurde beleuchtet, das »Like-it-oder-lass-es-Prinzip«.

Die Botschaft lautet: Nicht alle Fragen oder Zwiespalte unseres Lebens lassen sich lösen. Lerne zu akzeptieren und auszuhalten, dass es im echten Leben Situationen und Gefühle gibt, für die keine Patentlösung existiert. Auch wenn in unseren Köpfen irgendwo tief vergraben noch das alte Rollenbild rumdümpelt: Eltern, vor allem Mütter, sind stets aufopferungsbereit und denken zuletzt an sich selbst.

Zugegeben, als ich mit meinem ersten Sohn schwanger war, trug ich stolz meinen Bauch durch die Welt, als hätte ich allein mit der geglückten Empfängnis schon eine einzigartige Höchstleistung vollbracht. Und dass es mir dann auch noch gelang, dieses Wesen wieder aus meinem Körper hinauszubefördern – Wahnsinn. Obwohl täglich rund zweitausend Kinder allein in Deutschland geboren werden, hat das Wunder der Geburt kein Verfallsdatum. Sogar meine vierundneunzigjährige Mutter erinnert sich noch heute gut an jede ihrer drei Geburten, wenngleich sich das Ereignis mit den Jahren etwas verklärt hat. »Ich habe dich ohne einen Hauch von Schmerz entbunden«, erzählte sie mir neulich. »Ich hatte mir so eine besondere Technik beigebracht, die damals modern war.« Hätte sie mir davon mal früher erzählt.

Eines Tages war es auch bei mir so weit: Verklärt verließ ich mit meinem Baby auf dem Arm den Kreißsaal, um fortan mein Mutter-Märchen zu leben à la: Und der Prinz und die Königinmutter waren glücklich und liebten sich bis ans Ende ihrer Tage. Allerdings landete ich, nachdem die Flut der Geburts-Glückshormone abebbte, bald in der Realität: schlaflose Nächte, Augenränder, die täglich dunkler wurden, und ein Mann, der nachts immer öfter aufs Sofa flüchtete, um wenigstens ein paar Stunden Schlaf zu finden. Zwischen Wickeltisch und Windeleimer spürte ich plötzlich: Ich bin ja auch noch da! Ich will wieder Sekt trinken, auch mal mit Freundinnen tanzen gehen und mit meinem Partner unsere Liebe feiern. Egal ob in der Horizontalen oder beim Italiener. Doch nie gab es einen Moment, in dem ich meine Mutterschaft bereut hätte.

Und wenn doch?

Mit ihrem Buch *Regretting Motherhood* hat Orna Donath ein Tabu gebrochen und Müttern eine Stimme gegeben, die ihre Kinder lieben und dennoch die Mutterschaft am liebsten rückgängig machen würden, weil sie mit der Mutterrolle einfach nicht zurechtkommen. Fakt ist: Wäre das Mutter-Sein ein Job, würden diese Mütter ihn wechseln. Als Reaktion auf das Buch entbrannten international heiße Diskussionen: Darf man es bereuen, Mutter geworden zu sein? Ist es möglich zu behaupten: »Ja, ich liebe meine Kinder, aber manchmal, öfter oder immer wünsche ich mir, ich hätte sie nicht bekommen«? Was hilft es den Müttern denn, ihre Reue über die Entscheidung für ein Kind öffentlich zu machen? Und vor allem: Was macht das mit ihrem Nachwuchs?

Neben Reaktionen wie »Das muss man sich halt vorher überlegen« kamen in Deutschland auch Beleidigungen auf: Wahlweise waren die bereuenden Mütter narzisstisch, hysterisch, egoistisch, kaltherzig. Und ihre Reue? Rumgeheule. In Frankreich regte sich dagegen niemand so sehr über die Studie von Orna Donath auf. Das Buch wurde auch nicht ins Französische übersetzt …

Auf die Frage, was es bringt, die Reue anzuerkennen, sagte Orna Donath in einem Interview mit der *taz:* »[…] Wenn wir anerkennen, dass Mutterschaft nichts ist, was alle Mütter glücklich macht, lässt sich Leid reduzieren. Dann können Frauen freier entscheiden, ob sie Kinder möchten oder nicht. Und dann werden womöglich weniger Kinder geboren, deren Mutter bereut. Im Moment treibt die Gesellschaft Frauen in die Mutterschaft […].« Die befragten Frauen hatten oft das

Gefühl, Mutter werden zu müssen, weil das eben dazugehört, weil es gesellschaftlich von ihnen gefordert wird.

Später in diesem Interview stieß Donath auf eine falsche Schlussfolgerung, die oft automatisch durch unsere Köpfe spukt: Frauen, die keine Kinder möchten, wollen Karriere machen. Absoluter Unsinn. Es gibt auch Frauen, die sich nichts von beidem wünschen. Und auch das muss erlaubt sein, oder?

Keine Kinder, keine Karriere, einfach Hunde züchten und nachts Briefmarken einkleben oder den eigenen Käse kreieren – habe gerade gelesen, dass das der letzte Clou ist – oder auf der Yogamatte sein Glück finden ... Was spricht dagegen? Warum müssen wir unbedingt in irgendeinem gesellschaftlich anerkannten Normbereich erfolgreich sein? Ja, warum?

Und warum sollten Frauen durchs Kinderkriegen zu Heiligen, nein, Supermuttis werden? Egal ob ohne Schlaf, ohne Partner, ohne Sex, ob mit 40 Grad Fieber und Milchflecken auf der Bluse nie müde, immer voll da, immer zufrieden und glücklich?

Früher, bei meinen Eltern, hieß es oft und vor allem, wenn Freunde zu Besuch waren: »So, und jetzt gehen die Kinder vom Tisch.« Das war normal. Da störte sich keiner dran. Ich selbst empfand es im Gegenteil sogar als Erleichterung und war froh, wenn ich vor den langweiligen Gesprächsthemen in mein Zimmer flüchten konnte. Mal verbringt man gern Zeit miteinander, mal eben nicht. Wichtig ist doch nur: Man ist da, wenn es wirklich nötig ist. Und ist es mit dem Gehen in ein kinderfreies Restaurant oder Hotel nicht ganz ähnlich?

Meine Kinder wollen ja auch nicht immerzu mit mir zusammen sein. Neulich lud mein Sohn fünf Freunde ein und saß mit ihnen im Garten um einen Feuerkorb herum. Ein paar Minuten gesellte ich mich dazu, weil ich mich freute, die Jungs, die ich schon seit der Grundschule kenne, wiederzusehen. Aber dann ging ich zurück ins Haus, statt sie mit Small Talk über die neue Wechseljahrsdiät oder Sorgen über steigende Heizkosten zu langweilen.

Zum Glück gibt es viele Angebote, die allen bunten Bedürfnissen gerecht werden. Vor einigen Jahren verbrachte ich auf einer Lesereise ein paar Tage in einem wunderschönen Hotel in Südtirol. Es gefiel mir so gut, dass ich mich nach den Familienangeboten erkundigte, um mit meinen Jungs zurückzukommen. Fehlanzeige! Gäste unter sechzehn Jahren waren nicht erwünscht. Einen kleinen Moment war ich enttäuscht, aber dann überlegte ich, warum ich den Aufenthalt so genossen hatte: wegen der ruhigen Atmosphäre…

Ich brauche meine Ruhe und gönne sie auch anderen und achte deshalb auf meine Kinder. Eines Tages saßen wir entspannt in einem Strandrestaurant an der Elbe auf Holzbänken. Während unser damals dreijähriger Sohn Juri neben uns zufrieden Sand in seinen Betonmischer schaufelte, genossen wir eine Fischsuppe. Als ein älterer Herr neben uns sein Essen bekam, unterbrach unser Sohn sein Spiel, krabbelte auf die Bank und guckte neugierig auf den Teller mit Steak und Bratkartoffeln.

»Das sieht lecker aus, darf ich das auch mal probieren?«, fragte er und zeigte auf eine knusprige Bratkartoffel.

Sofort schritt ich ein, entschuldigte mich bei dem Herrn und wollte gerade meinen Sohn zurück zu seinem Betonmischer setzen, als er lachend antwortete: »Das darfst du sehr gern, kleiner Mann.« Dann sah er mich fragend an.

Als ich nickend zustimmte, spießte er eine Kartoffel auf und gab sie meinem Sohn, der sie genussvoll verspeiste. Bevor ich mich bedanken konnte, ging es weiter: »Darf ich noch eine? Darf ich auch mal ein Stück von so welchem Fleisch?« Das Ende der Geschichte: Eine halbe Stunde lang teilten die beiden sich in friedlicher Einigkeit die Mahlzeit.

»Das war mein schönstes Abendessen seit Langem«, sagte der Mann lächelnd und strich Juri zum Abschied kurz über den Kopf.

So kann es also auch passieren. Wichtig ist doch nur hinzuschauen, die Bedürfnisse anderer Menschen zu tolerieren und gleichzeitig auf die eigenen zu hören: Mal finde ich es klasse, wenn die Jungs bis spät am Abend bei meiner Freundesrunde dabei sind, manchmal genieße ich Zweisamkeit mit Freundin, Partner oder auch eine Auszeit ganz mit mir allein. Denn irgendwo zwischen pro und kontra Kindern im Restaurant und all diesen Ambivalenzen findet das echte lebendige Leben statt, oder?

Der Artikel über die Ambivalenz endet mit einer Weisheitsgeschichte: Ein Schüler sucht einen alten Rabbi auf. »Ich habe nachgedacht und bin zu einer Entscheidung gekommen«, sagt er. »Ich habe beschlossen zu sterben.«

»Das«, antwortet der Rabbi, »ist keine Lösung.«

Der Schüler wendet sich zum Gehen. Als er eine Woche darauf zurückkehrt, sagt er zum Rabbi: »Du hattest recht. Ich habe nachgedacht und die Entscheidung getroffen zu leben.«

»Das«, sagt der Rabbi, »ist keine Lösung.«

»Aber du hast dasselbe über das Sterben gesagt! Was ist denn die Lösung?«

Daraufhin meint der Rabbi: »Du glaubst also, es gibt eine Lösung?«

5

»Habt ihr noch Sex,
oder spielt ihr schon Golf?«

Ob Sex mit einem Fremden in der Umkleidekabine oder
ein wilder Dreier – sind erotische Fantasien pervers oder
völlig normal? Ist es ein No-Go, keine Lust auf Sex zu
haben? Warum ist die Liebeslust im Altersheim ein Tabu?
Und wo bleibt das Bedürfnis behinderter Menschen,
ihre Sexualität auszuleben? Fragen und Gedanken
rund um DAS Thema.

Offen und interessiert tauschen wir Lieblingsrezepte aus.
Doch gehört Sex denn nicht genauso natürlich zum Leben
wie das Essen? »Klar kann man darüber reden. Wir sind doch
aufgeschlossen«, behaupten wir. Aber wenn das Thema wirklich unverblümt auf den Tisch kommt, verstummen viele
eben doch.

Griechisch, italienisch, asiatisch oder lieber Hausmanns-
kost? Im Gegensatz zum Austausch über die persönlichen
kulinarischen Vorlieben möchte selbst ich mich nicht detail-
liert über intime Passionen austauschen. Aber ab und zu finde
ich es eben doch spannend, die Bettdecke einen Spaltbreit zu
lüften und mit nahestehenden Menschen Fragen zu thema-

tisieren, die mir helfen, mich mit meinen eigenen Bedürfnissen sicherer zu fühlen. Wie etwa: Bin ich normal, wenn ich drei Mal am Tag Lust auf Sex habe? Oder vielleicht doch lieber nur einmal im Monat? Habe ich genug Sex? Ein ewiges Thema, das viele Menschen beunruhigt. Denn verglichen mit dem häufig so romantisch, leidenschaftlich und immer im perfekten Gleichklang dargestellten Sex in Büchern und Liebesfilmen sowie der Allgegenwart von Sex in Medien und Werbung, fühlt man sich zu Hause leicht so, als wäre man die Einzige, die Butterbrot isst, während der Rest der Welt seinen Appetit exotisch-feurig stillt. Mal ganz zu schweigen vom Pornogenre, das häufig vermittelt, jedes weibliche Wesen sei 24/7 in lustvoller Bereitschaft, egal ob sie gerade staubsaugt, kocht oder auf der Leiter steht und die Dachrinne reinigt. Da fühlt man sich als Normalo doch gleich wie die Dame ohne Unterleib. Ich gebe ganz ehrlich zu: Während zig Jahren in einer langen Partnerschaft gab es bei mir viele Abende, an denen ich lieber ein Kapitel von meinem Lieblingsbuch lesen wollte, als das Kamasutra durchzuturnen.

Bei einem Treffen mit meinen Freunden traute ich mich endlich, die Tabu-Hüllen fallen zu lassen und das Thema anzusprechen. Während ich die Schüssel mit der Bolognese zum zweiten Mal herumreichte, servierte ich diese pikante Frage gleich mit: »Sagt mal, wie oft habt ihr eigentlich noch Sex?« Schlagartig verstummten die ausgelassenen Gespräche, und ich blickte in eine Reihe verdutzter Gesichter. Ada wurde rot und fing an zu kichern, Friedrich beschäftigte sich plötzlich extrem intensiv mit seinen Spaghetti, Sabine bekam so einen Lachkrampf, dass ihr eine Nudel aus dem Mund flog...

Ich nahm einen großen Schluck Weißwein und erzählte, um meine Freunde zu ermutigen, erst einmal von meinen Erfahrungen: »Ich war jahrelang verunsichert, nachdem mir eine Freundin während eines Frauenwochenendes einmal anvertraute, dass sie *jeden* Abend Sex mit ihrem Ehemann hätte. Die beiden hatten sich nicht gerade erst kennengelernt, sondern vor fünfzehn Jahren. Und Kinder hatten sie auch.« Diese Freundin wurde meine »Sexgöttin« – der ultimative Maßstab für »normales Sexleben in der Ehe«. Im Vergleich zu ihr fühlte ich mich wie eine Versagerin, weil ich seit Monaten überhaupt keinen Sex hatte. Zu jenem Zeitpunkt in meinem Leben war die Erotik irgendwo zwischen Windeleimern und Wäschebergen erstickt.

Als Reaktion auf meine Offenbarung sah ich eine Runde nickender Wackeldackel an meinem Tisch. Dann traute sich einer nach dem anderen. Zuerst Ada: »Ich habe jahrelang Sabine und Friedlich beobachtet, wie sie auf Partys immer so verliebt aneinanderklebten. Ihr habt euch ständig geküsst und geknuddelt. Ich habe mir immer vorgestellt, dass ihr sofort übereinander herfallt, sobald ihr allein seid.« Ada guckte Sabine erwartungsvoll an.

»Tatsache ist, dass ich, kaum über die Türschwelle, sofort ohnmächtig ins Bett gefallen bin«, nahm Sabine ihr den Wind aus den Segeln und blinzelte Friedrich zu. »Partys waren nur eine Situation, in der wir uns erinnerten, wie es mal war, allein und frisch verliebt. Und dann auch noch der Alkohol …«

Friedrich nahm Sabines Hand. »Damals war ich total frustriert, und es hat es mich ziemlich verletzt, dass Sabine kaum noch Lust auf Sex hatte. Erst viel später habe ich begriffen, dass es gar nichts mit mir zu tun hatte. Und heute…«, er brach ab und gab Sabine einen Kuss. »Wir haben eine Menge über uns gelernt.«

Und auch ich hatte wieder einmal etwas gelernt: Ob Sexgöttin oder knutschende Paare – Vergleiche mit anderen machen oft unglücklich. Denn wir sehen meist nur die glücklichen, erotischen, romantischen Mosaikteile, die Paare nach außen tragen, und nicht das Genervtsein, die Lustlosigkeit und den ganz normalen Beziehungsalltag.

Wenn es um Sex geht, sind wir so verletzbar wie sonst selten. Viele Männer denken noch heute, ein »echter« Mann müsse immer im Wilder-Hengst-Modus sein. Und auch ich erinnere mich, dass es Zeiten gab, in denen ich mich abgelehnt fühlte und es als Angriff auf meine Attraktivität empfand, wenn mein Partner nicht pausenlos um mich herumschwänzelte wie mein Hund Carlo um seinen Kauknochen.

Das eine oder andere Mal bin ich sogar in die »Kein Sex = Er liebt mich nicht mehr«-Falle getappt, habe ein pausierendes Liebesleben als Messlatte für die Qualität der Liebe genommen. Was für ein Irrsinn! Denn überwiegend war ich es ja selbst, die neben dem attraktivsten aller Ehemänner wie ein gefällter Baum ohnmächtig ins Bett fiel, bevor er nur die Strümpfe ausgezogen hatte. Etwa in den Stillzeiten, in denen ich über Monate im Zweistundentakt aus dem Schlaf gerissen wurde, oder nach Chaostagen zwischen tobenden Kindern und unerledigter Textarbeit. Da kam es mir wahrscheinlicher vor, mit einem Raumschiff zum Mond aufzubrechen, als vergnüglichen Sex zu haben. Und das hatte nicht im Geringsten etwas mit mangelnder Liebe zu tun, sondern einfach nur mit totaler Erschöpfung. Und dennoch verunsicherte es mich umgekehrt, wenn mein Partner in Stresszeiten einfach nur friedlich neben mir einschlummerte…

Ist es in unserer Gesellschaft zum No-Go geworden, kein Interesse an Sex zu haben? Ich kenne jedenfalls niemanden, der das gern öffentlich zugibt. Und wenn doch, liegt die Sex-Polizei ständig auf der Lauer und stürzt sich sofort mit tausend Erotik-Partnerschafts-Wiederbelebungs-Ratschlägen auf die tote Hose. Frauenzeitschriften bombardieren uns mit Tipps gegen einschlafende Leidenschaft: Baden Sie gemeinsam bei Kerzenlicht, streuen Sie Rosenblätter bis zum Schlafzimmer, planen Sie ein romantisches Nachtpicknick im Park, füttern Sie sich gegenseitig mit verbundenen Augen, oder treffen Sie sich in einer Bar und spielen »erstes Date«. Und so weiter und so weiter. Bei aller Liebe zur Liebe – das ist doch irre! Es würde schließlich niemand seinen Partner dazu überreden, im Steakhaus essen zu gehen, wenn dieser gerade seine vegane Phase auslebt. So etwa: »Wir können statt mit dem Fahrrad auch mit dem Taxi ins Restaurant fahren …«, »Ich könnte das Essen online bestellen, es dir auf einem silbernen Tablett auf dem Sofa servieren und dich mit kleinen Rinderfiletstreifen füttern.«

Diese ganzen Tipps erinnern mich auch an hübsch anzusehende, exklusive Modemagazine wie *Elle* oder *Harper's Bazaar*, in denen internationale Trends vorgestellt werden. Sie sind aber weder in der Boutique um die Ecke zu kaufen, noch könnte Uschi Normalo einen einzigen Tag darin überstehen, ohne Gefahr zu laufen, wegen »Erregung öffentlichen Ärgernisses« angezeigt zu werden oder sich auf Dreißig-Zentimeter-Glasabsätzen den Knöchel zu brechen. Fazit: schön anzusehen beim Durchblättern, aber nicht praktikabel. Warum bitte sollte ich nachts in den Park laufen zum Picknick oder in die Bar zum Date gehen, wenn ich es vor Müdigkeit kaum schaffe, die Tiefkühlpizza in den Ofen zu schieben und mich ins Schlafzimmer im ersten Stock zu schleppen? Und welche Mutter hat Lust, ihren Mann mit verbundenen Augen zu füttern, nachdem sie schon drei Kinder mit Brei versorgt hat? Warum wollen so viele Medien das Feuer der Leidenschaft in mir entzünden, wenn ich doch gerade total glücklich bin mit meiner wohltemperierten Wärmflasche im Bett?

Nach Jahrhunderten, in denen Frauen Sex nur haben durften, um sich zu vermehren, und ihre Lust ein Tabu war, scheint es mir heute, als wäre es umgekehrt. Keine Lust zu haben ist irgendwie nicht akzeptabel. Und oft erlauben wir uns nicht einmal selbst eine Sex-Auszeit. Warum? Vielleicht, weil die vielen »Rosenblätter-Tipps« nicht spurlos an uns vorbeigehen. Durch die ständige Präsenz des Themas »Sex = glückliche Partnerschaft« fühlen wir uns nicht mehr als richtige Frau, wenn wir mal kein Interesse daran haben – aus welchen Gründen auch immer. Dazu kommt, dass wir unseren Partner nicht enttäuschen möchten.

Für Männer ist die Angelegenheit fast noch verwirrender: Schwänzelt er mit lechzendem Blick um seine Angebetete herum, wird ihm vorgeworfen: Du denkst immer nur an Sex. Tut er es nicht, heißt es: Du begehrst mich nicht mehr. Fatale Falle! Es ist nicht einfach, aus diesem Sorgenkarussell auszusteigen. Ob es leichter würde, wenn sich mehr von uns erlauben würden, zu den eigenen Wünschen im jeweiligen Moment zu stehen? Und diese offen mit dem Partner anzusprechen?

Es gibt x Studien und Statistiken zum Liebesleben der Menschheit. Danach haben Menschen zwischen achtzehn und neunundzwanzig Jahren 2,15 Mal Sex pro Woche, Dreißig- bis Neununddreißigjährige sechsundachtzig Mal im Jahr und ab vierzig etwa noch neunundsechzig Mal im Jahr. Aber wir alle wissen: Jede Statistik ist nur so gut wie der, der sie fälscht. Gerade beim Thema Sex geben vor allem Männer ungern die Wahrheit zu. Während Frauen untereinander seltener ein Problem haben einzuräumen, dass ihr Leidenschaftspegel eher im Minusbereich pendelt, würden Männer sich eher den Schwanz abbeißen, als unter Freunden einzugestehen, dass dieser momentan im Dornröschenschlaf ist und sie aus diesem oder jenem Grund völlig lustlos sind. Aber egal, ob nun gelogen wird, dass sich die Bettpfosten biegen – irgendwas wird schon dran sein an den Statistiken. Allerdings glaube ich heute, dass es mehr an der individuellen Lebenssituation liegt als am Alter. Ein Beispiel. Wenn ein Paar sich mit zwanzig kennenlernt, haben sie bis zum dreißigsten Lebensjahr rund tausendmal miteinander Sex gehabt. Ganz ehrlich, selbst Serien-Junkies wissen: Irgendwann nach Staffel zehn wird's dann mal langweilig. So hat mir schon die eine oder andere Frau anvertraut, dass sie eigentlich gar nicht so traurig wäre, wenn das Thema Sex mit Weihnachtsdeko und Laufschuhen im Keller verweilen würde. Verlieben sich hingegen Paare Hals über Kopf, nachdem sie vielleicht jahrelang nach der Scheidung allein waren, beginnt ihre Liebesgeschichte mit Staffel eins, Folge eins – egal ob sie vierzig, fünfzig oder sechzig sind.

Neulich habe ich Cora getroffen. »Wir waren im letzten Jahr nicht einmal im Kino«, klagte sie.

»Und ich weiß auch, warum«, neckte ich sie, bevor sie weiterreden konnte. »Weil ihr jeden Abend Sex habt.«

Cora schaute mich verdutzt an. Dann brach sie in Gelächter aus. »Du meinst wegen damals? Daran erinnerst du dich noch? Das war doch nur eine kurze Phase nach unserem Italienurlaub.«

Sich mit der Frage zu beschäftigen, wann oder wie oft man selbst oder andere Sex haben, ist eine Sache. Auf welche Art man das tut, ist dann allerdings noch einmal eine ganz andere. Und auch da fragt sich der eine oder andere: Sind meine Wünsche oder Vorlieben normal? In dem Woody-Allen-Klassiker aus den Siebzigerjahren *Was Sie schon immer über Sex wissen wollten, aber bisher nicht zu fragen wagten* beichtet ein Schafhirte seinem Arzt, dass er sich in Daisy, eines seiner Tiere, verliebt und auch mit ihr Sex habe. Nun ist Daisys Liebe zu ihm erloschen, und er bittet den Arzt, ihr gut zuzureden. Statt dem verirrten Hirten zu helfen, verliebt sich der Arzt in das Tier, mietet sich ein Hotelzimmer und beginnt ebenfalls eine Affäre … Hollywood at its best!

Aber von derartigen Vorlieben, die die Grenzen anderer verletzen, möchte ich hier gar nicht sprechen, sondern von denen, die eine Hausnummer drunter liegen. Muss ich mir Gedanken um meine Partnerschaft machen oder mich vielleicht sogar schuldig fühlen, wenn ich neben meinem geliebten Partner liege und mir gleichzeitig vorstelle, wie es wäre, Sex mit dem Nachbarn zu haben? Träume nur ich von einem flotten Dreier? Vom Besuch im Swingerclub? Von Lack und Leder? Diese Art von Fragen wirft man den Freunden meist nicht zwischen Lasagne und Crème brûlée vor die Teller. Allerdings verschafft sich mancher ganz unbemerkt und spielerisch einen kleinen Überblick über die Vorlieben der Freunde. Da gibt es zum Beispiel das Spiel *Privacy – was Sie schon immer über Ihre Freunde wissen wollten.* Dabei erhascht man einen kleinen Blick durchs Schlüsselloch mit Fragen wie: Hatten Sie in den letzten zwölf Stunden Sex? Haben Sie sich einen Spieler der Runde schon einmal nackt vorgestellt? Könnten Sie sich vorstellen, mit Ihrem linken Tischnachbarn Sex zu haben? Jeder, wie er mag. Allerdings möchte ich nicht in der Warteschlange an der Supermarktkasse darüber informiert werden, ob meine Nachbarin sich gern fesseln lässt oder fremdgeht.

Was den offenen Sex-Talk betrifft: Sogar wenn es um das Liebesleben ihres Vierbeiners geht, reagieren einige Hundebesitzer pikiert. Es gab eine kurze Zeit in Carlos Leben, in der er ohne Kastrations-Chip und mit wacher Rüden-Leidenschaft beim Elbspaziergang nach Hündinnen Ausschau hielt. Liebevoll versuchte ich ihn zu unterstützen, indem ich

84

die eine oder andere Besitzerin einer Hündin ansprach: »Ich glaube, mein Carlo mag Ihre Hündin, und sie würden auch vom Typ her zusammenpassen. Hätten Sie vielleicht Interesse an der Idee, dass unsere Hunde sich vereinigen?« Einige verneinten verschämt lächelnd, andere guckten mich an, als wäre ich pervers. Irgendwann gab ich meine Mission auf und vereinbarte einen Tierarzttermin. Seitdem ist Carlo rundherum glücklich mit Frauchen und Fressen. Vermutlich in anderer Reihenfolge.

Wenn Zweibeiner untereinander offen über ihre Vorlieben sprechen möchten, ist es sicher hilfreich für ihr Liebesleben, und erlaubt ist, was beiden gefällt. Aber Ausnahmen bestätigen auch hier die Regel, und manchmal gilt eben: Fantasien sind Privatsache, und es ist bestimmt eher von Vorteil, wenn man sie selbst mit dem geliebten Partner nicht immer ungefiltert teilt.

Sexfantasien gelten grundsätzlich als total normal. Zumindest bei Männern. Natürlich dürfen Frauen auch die wildesten erotischen Träume haben – zumindest theoretisch. Im echten Leben haben sie es aber bei allen Themen rund um Sex, Fantasien und Freizügigkeit immer noch schwerer als Männer. Wenn der frisch geschiedene Nachbar jede Woche eine neue Frau am Arm hat, wird er als toller Kerl bewundert, von vielen Kumpels sogar beneidet, zumindest aber wird sein Verhalten verständnisvoll akzeptiert. Wenn eine Single-Frau sich auf der Suche nach einem Partner mit verschiedenen Männern präsentiert, wird sie nicht selten mit Argwohn betrachtet, so als würde sie beim Escort-Service arbeiten. Und ihre Kinder?

Die werden bemitleidet, so eine Mutter zu haben. Aber wie soll frau denn einen neuen Partner finden, wenn sie nicht mal kosten darf?

Wer immer noch bezweifelt, dass für Frauen und Männer beim Sex unterschiedliche Regeln gelten, frage sich: Haben wir jemals in den Medien davon gehört, dass Frauen in Führungspositionen Sexpartys in Luxushotels veranstalten? Es kommt immer wieder vor, dass Firmen und Regierungschefs Kunden in einschlägige Clubs einladen, Politiker und Industrielle in Bordellen erwischt werden oder mit fünf Prostituierten im Hotelzimmer – eine Nachricht, die längst nicht mehr viel Aufsehen erregt. Aber Frauen? Es wäre eine interessante Feldforschung, solche Fake News einmal in die Welt zu setzen. Die Reaktionen und die Diskussionen, die daraus entwachsen würden, wären bestimmt spannend.

Ich selbst habe auch schon mit der Idee geliebäugelt, aus Neugier und Spaß an den Reaktionen einfach mal eine Finte in die Runde zu werfen: »Also wisst ihr, seit ich allein lebe, gönne ich mir einmal im Monat einen Callboy.« Aber dann fehlte mir doch der Mut dazu. Bezahlte Liebesdienste gehören nämlich ebenfalls zu den heiklen Sexthemen. Wobei: Von Frauen und Callboys hört man eigentlich nie etwas. Aber Callboys sind kein Mythos, weder Fake noch reine Fantasie. Auch wenn mir nicht eine einzige Frau in den Sinn kommt, die mir jemals erzählt hätte, dass sie solche Dienste in Anspruch nähme, ja, ich nicht mal eine vom Hörensagen kenne, die wiederum eine kennt, die es getan haben soll… Total tabu! Gibt man allerdings »Callboy« in die gängigen Suchmaschinen ein, verfliegt im Nu der Gedanke, dass tatsächlich nur Männer zu Prostituierten gehen. Sofort ploppen Hunderte Angebote auf: vom Escort-Service über Callboy-Verzeichnisse (nach Postleitzahlen sortiert) und Privatanbieter, die sich von Sternzeichen Waage bis Wanderfreund sehr persönlich anbieten, bis hin zu Agenturen, die nur »Callboys mit Zufriedenheitsgarantie« vermitteln. Wie das wohl funktioniert mit dem Umtausch des Liebesdieners? So einfach wie bei den bekannten Optikerketten: Geld zurück oder ein hübscheres Modell?

Auch mir gelingt es bei diesem Thema nicht, mich gegen gedankliche Bewertungen zu schützen, wie: Hat die das nötig, findet die keinen anderen? Kopulationswillige Kerle gibt es doch an jeder Ecke, oder? Mir kommen auch Fragen in den Sinn, wie: Was, wenn man den Callboy nicht sexy findet? Erotik beginnt ja im Kopf. Oder noch schlimmer: Er verweigert womöglich den Dienst, weil er mich nicht attraktiv findet… Statt sich mit unnötigen Gedanken die Nacht um die Ohren zu schlagen, könnte man die Zeit nutzen und es einfach ausprobieren. Wie wäre das wohl? Sex zu kaufen und dem Liebesdiener genaue Anweisungen zu geben, was er mit meinem Körper anstellen soll, ohne selbst den Finger zu rühren. Und bitte bloß keine Nullachtfünfzehn-Nummer, Langeweile hatte ich schon genug… Einfach nur nehmen und nix geben. Und danach entspannt mit Gesichtsmaske und Kuschelpyjama allein ins Bett oder aufgeladen und voller Tatendrang ins Büro. Wie in *Designated Surviver,* einer meiner Lieblingsserien: Mit einem Klaps auf den Po entlässt die PR-Frau des Präsidenten ihren One-Night-Lover aus dem Bett, um sich in ihr Businesskostüm zu werfen und ins Büro zu eilen. Eine wunderbare Szene. Endlich kommt die Gleichberechtigung im Mainstream-Movie an, und dann auch noch in einer amerikanischen Produktion.

Ob käuflich oder nicht, klar ist: Es gibt durchaus Frauen, die sich trauen, das zu tun, was Männer seit Jahrtausenden tun. Ein wichtiger Schritt wäre vielleicht, dass wir Frauen selbstbewusst zu unseren Bedürfnissen stehen, oder? Denn oft sind wir uns selbst am hartnäckigsten im Weg.

Schon bemerkt? Die moralischen Bewertungen, was sich für eine Frau »gehört«, kommen nicht nur von außen. Häufig sind sie ganz fest in uns selbst verankert. Vielen Frauen wurde jahrzehntelang eingehämmert, dass Männer (natürlich) ständig auf der Suche nach sexueller Abwechslung sind, Frauen dagegen nur auf Mr. Right warten, um eine Familie zu gründen. Wenn ein Mann prahlt, dass er »Spaß am Sex« hat, »immer kann«, sich »gern mal woanders Appetit holt«, wird dies lächelnd und als natürlich hingenommen. Spricht eine Frau offen darüber, dass sie gern ihre Lust lebt, häufig an Sex denkt und sich auch mal durch andere Kerle inspirieren lässt, gilt sie schnell als »Schlampe«.

Sex bedeutet Macht. Und Sexlust bei Frauen macht Männern häufig Angst, was in der Geschichte zu absurden Ideen wie dem Keuschheitsgürtel führte, aber auch zu grausamen Handlungen wie Hexenverbrennungen und der Genitalverstümmelung.

Die gesellschaftliche Be- und Abwertung weiblicher Sexualität funktioniert in unseren Breitengraden auch heute noch als moralische Lustbremse. Und sei es nur, wenn es darum geht, sich überhaupt aktiv auf Partnersuche zu machen. Auch ich habe mich nach der Trennung von meinen Ehemännern mit dem Gedanken gequält: Was sollen meine Jungs denken, wenn ich mich mit einem neuen Mann treffe?

Okay, Kinder und Sex der Eltern, das ist wahrscheinlich noch mal ein besonderes Thema. Wollen Kinder wissen, ob und mit wem ihre Eltern Sex haben? Ich denke kurz an meinen Vater und meine Mutter... Oh mein Gott. Nein, das wollen sie nicht. Und zwar egal, ob sie fünf, fünfundzwanzig oder fünfundfünfzig Jahre alt sind. Überhaupt war ich überrascht zu lesen, dass die Jugend heute im Gegensatz zu den wilden Achtundsechzigern eher wieder konservativ in puncto Liebesleben ist: Beständigkeit in der Beziehung ist für viele wichtiger als Sex und Freizügigkeit. Sehnen sich die jungen Menschen vielleicht nach Stetigkeit und Halt in der Beziehung als Anker, um in einer sich globalisierenden, immer schneller werdenden und unüberschaubar offenen Welt den Halt nicht zu verlieren?

Bis der passende Anker geworfen ist, wählen manche auch das Modell Freundschaft plus: Man hat einen guten Freund oder eine gute Freundin, und falls einem gerade nach Sex zumute ist, erweitert man die Freundschaft kurzfristig um ein paar erotische Schäferstündchen, anstatt ständig einen neuen One-Night-Stand aufzureißen. Das klingt für mich pragmatisch-praktisch. Und wirft dazu die revolutionäre Frage auf: Warum sind Freundschaft und Sex in unserer Kultur überhaupt so strikt voneinander getrennt?

Dennoch, finde ich, könnte die Jugend im Jahre 2021 aufgeschlossener sein. Wie ich darauf komme? Nun, neulich postete mein Ex-Mann einen »Männer-Sex-Witz« im Familienchat. Fanden die Jungs superlustig. Als ich hingegen ein paar Monate zuvor, nach meiner Teilnahme an einem Sex-Toys-Workshop, einen Beitrag auf Instagram postete und darunter #Sex setzte, rief mein Sohn Nummer zwei mich gleich an und ermahnte mich: »Hashtag Sex – ist das dein Ernst, Mami?«

Dabei hatte mich der Post schon einige Überwindung gekostet. Es fühlte sich seltsam an, öffentlich die Teilnahme an diesem Kurs und mein Interesse am Thema Sex kundzutun. Wegen meiner eigenen »Das gehört sich nicht«-Gedankenfalle. Und wer weiß, ob ich mich jemals getraut hätte oder gar auf die Idee gekommen wäre, überhaupt an dem Kurs teilzunehmen, wenn meine Freundin Heike mich nicht damit überfallen hätte. Sie ist Talkshow-Redakteurin, hat unter anderem ein Buch über die Menstruation geschrieben und wird seitdem als tabulose Expertin für alle Aspekte sexueller Weiblichkeit hoch gehandelt.

»Hast du am nächsten Mittwoch Zeit?«, sprudelte sie eines Tages begeistert am Telefon. »Ich gebe einen neuen Workshop und würde mich freuen, ein bekanntes Gesicht in den Reihen zu sehen.« Lachend fuhr sie fort: »Diesmal geht es um ein sehr spezielles Thema. Ich schicke dir gleich die Einladung. Kannst gern noch weitere Freundinnen mitbringen.« Fünf Minuten später kam die E-Mail: *Einladung zum Workshop Orgasmus 2.0 – Jetzt kommt die Frau. Die sogenannte Orgasmus-Gap soll Aufhänger des Workshops sein. Von 11 bis 15 Uhr wollen wir nach Herzenslust über Sex sprechen.*

Ich schrieb zurück: *Liebe Heike, solange du keinen Lachkrampf bekommst, wenn ich mit Kuli und Block bewaffnet in*

der letzten Reihe sitze und eifrig mitschreibe, bin ich dabei. Man
lernt nie aus!

Dann verschickte ich die Einladung an zehn Freudinnen
und rief zehn weitere an. Allerdings reagierten die meisten
etwas irritiert, mitmachen wollte keine. Warum? Weil man
als Frau nicht über sexuelle Lust spricht, schon gar nicht über
etwaige »Gaps«, sprich, den Umstand, dass Frauen seltener
kommen als Männer. Nicht einmal unter Frauen? Nicht einmal, wenn ein köstliches Mittagsbüfett während des Workshops angeboten wurde?

Mit Essen kriegt man mich oft rum. Ich habe schon häufig die eine oder andere Einladung zum Essen angenommen,
auch wenn mir die Begleitung nicht halb so verführerisch
erschien wie die Speisekarte des Restaurants. Auf jeden Fall:
Eine Wochen später war es so weit. Ich saß in Strumpfso-
cken mit sechs anderen Frauen im Kreis. In der Mitte lag eine
Sammlung bunter Dinge, die mich auf den ersten Blick an
die Wurfspielzeuge meines Jagdhundes erinnerten. Höchste
Zeit, dass ich meinen Sex-Horizont erweiterte. Nach der obligatorischen Vorstellungsrunde ging es gleich los mit einer
Übung zum Warmwerden.

»Wie gut kennt ihr euren Körper?«, fragte Heike, während
sie Papier und Stifte verteilte. Ich ahnte, dass sie nicht über
Senkfüße und Bauchfalten sprechen wollte. »Während Männer ja ständig ihr schönstes Stück in der Hand halten, betrachten Frauen sich selten ›untenrum‹. Jede von euch versucht jetzt einmal, ihre Vagina zu zeichnen.«

Ich kaute auf meinem Stift herum, während die anderen
Frauen eifrig Modelle aufs Papier brachten. Als Teenager

hatte ich zuletzt einen Spiegel benutzt, um mal zu gucken, wie ich in der Intimzone eigentlich so aussah. Und meine Malkenntnisse hatten sich bereits mit der zweiten Klasse in der Grundschule erschöpft: Haus, Baum, Mensch, Letzteren aber komplett ohne Geschlechtsteile. Ich legte den Block zur Seite und sah Heike zu, die fröhlich, als würde sie ihre tägliche Aldi-Einkaufsliste schreiben, weibliche Geschlechtsteile aufs Flipchart malte. Was für eine tolle, aufgeschlossene Freundin ich habe!

Anschließend ging es drei Stunden lang um Sex und Orgasmuserfahrungen mit, ohne und mit wechselnden Partnern und dazu um den Einsatz von Sex-Toys. Es gibt kaum ein Thema, zu dem ich gefragt oder ungefragt nicht meinen Senf dazugeben kann, aber hierbei hielt ich mich ausnahmsweise mal dezent zurück. So schnell konnte ich leider nicht umdenken, mich von meiner »Über Orgasmusdetails spricht man nicht«-Erziehung befreien. Im Gegensatz zu den anderen Frauen. Neugierig lauschte ich, wie sie fröhlich über ihre bunten und für mich, zugegebenerweise, etwas exotischen Sexerfahrungen sprachen, über offene Beziehungen, wechselnde Sexualpartner, Vorlieben und Handhabung ihrer Lieblings-Sexspielzeuge. Vielleicht war ich auch deshalb verstummt, weil ich das Gefühl hatte, nichts annähernd Spannendes zu erzählen zu haben. Wer berichtet schon gern von seinen gemütlich entspannten Ferien auf dem Balkon, während andere spektakuläre Weltreise-Erlebnisse zum Besten geben? Schwappt der Druck, in Schule, Uni, Job performen zu müssen, jetzt über die Bettkante? Glauben wir, auch dort etwas Besonderes darstellen zu müssen, statt einfach zu sein, wie wir sind? Eine spannende Frage, die ich mit der Sex-Toy-Geschenktüte mit nach Hause nahm. Resümee: spannendes Thema, tolle Frauen – ein bereichernder Tag. Ich war froh, dass ich mich getraut hatte, mich zu diesem pikanten Workshop anzumelden. Sollten wir nicht häufiger Hemmungen über Bord werfen und uns mehr über unsere weiblichen Erfahrungen austauschen? Vielleicht fällt es mit Fremden sogar leichter als unter Freunden.

Apropos austauschen … Auch Fremdgehen gehört bei uns zu den gesellschaftlichen Tabus.

»Wer zweimal mit derselben pennt, gehört schon zum Establishment«, lautete der Slogan der Achtundsechziger, der für die Ablehnung bürgerlicher Moral und Treue stand. Für viele gehört das häufigere Wechseln des Partners zur Entwicklung, zur Phase des Erwachsenwerdens. Problematisch wird es meiner Meinung nach dann, wenn Promiskuität zur Liebesphilosophie wird. Männer kramen bei der Rechtfertigung ihres ganz nach Lust und Liebe wechselnden Sexuallebens gern die Abhandlungen einiger Wissenschaftler hervor, die die Ansicht verkünden, Männer würden eher als Frauen zu diesem Lebensstil neigen. Aus einem rein »biologischen« Grund: Sie wollen ihre Samen möglichst weitflächig und effektiv in der Welt verbreiten, wie es ja auch im Tierreich zu beobachten ist, zum Beispiel bei Hunden. Im Gegensatz zu Weißstörchen oder Pandas, die lieber in trauter Monogamie leben. Aber egal, ob biologisch vorbelastet, später Achtundsechziger oder notorischer Fremdgänger – oft leidet der Weißstorch. Denn kaum etwas belastet eine Liebe so stark wie Eifersucht und

Untreue. Aber trotz allen Wissens um die dramatischen Folgen ist Treue anscheinend eine Illusion. Doch was ist Treue überhaupt?

Unter Treue verstehen wir allgemein eine sexuelle Ausschließlichkeit, die sich auf den Partner begrenzt. Aber wo fängt diese an, und wo hört sie auf? Beim Flirten? Beim Begrüßungskuss oder der Umarmung, die intensiver als üblich ausfallen? SMS-Flirts, Händchenhalten? Oder ist alles erlaubt, bis auf den sexuellen Akt? Ein Beziehungsmotto, das auch heute noch für viele Paare gilt, lautet: Den Appetit darf man sich woanders holen, aber gegessen wird zu Hause. Doch wo der Appetit aufhört und das Essen anfängt, definieren wohl jeder Mensch und jedes Paar anders. Darum raten Paartherapeuten in der Partnerschaft darüber zu sprechen, wo und wie Untreue beginnt, wo die eigenen Grenzen sind, statt stillschweigend vorauszusetzen, dass der Partner die gleichen Vorstellungen hat und sich daran hält – auch wenn es etwas Mut braucht, über seine Fantasien und Ängste zu sprechen.

Was die Frage angeht, ob Männer wirklich eher zur Promiskuität neigen als Frauen: Rein rechnerisch scheint mir das ein Ding der Unmöglichkeit, denn die meisten Männer gehen ja mit Frauen fremd. Inzwischen weiß man: Es ist ein überholtes Klischee, dass Männer häufiger fremdgehen als Frauen. Laut »Seitensprung-Fibel« bekennen sich sogar 55 Prozent der Frauen und 49 Prozent der Männer zur Untreue. Zumindest auf diesem Gebiet haben sich die Frauen im einundzwanzigsten Jahrhundert emanzipiert. Es ist noch nicht allzu lange her, da galt hierzulande bei Scheidungen noch das Schuldprinzip. Eine Frau, die beim Fremdgehen erwischt wurde, verlor jeden Unterhaltsanspruch. In einer Zeit, als Frauen durch ihre alleinige Hausfrauen- und Mutterrolle finanziell abhängig waren, galt also bei allen amourösen Abenteuern: Heimlichkeitsstufe zehn! Vielleicht entstand damals ja das inzwischen längst überholte Klischee, dass Männer weitaus mehr Seitensprünge hätten als Frauen.

Mal abgesehen von kleinen erotischen Fluchten außerhalb der Beziehung: Was ist mit Fremd-Verlieben? Kann es einem tatsächlich passieren, dass man sich trotz glücklicher und erfüllter Partnerschaft in einen anderen Menschen verliebt? Wer es (noch) nicht erlebt hat, kann es sich vielleicht schwer vorstellen, aber entgegen aller Vorurteile und erhobenen Zeigefinger kommt dieses Phänomen tatsächlich vor.

Eine Freundin erzählte mir, dass sie seit Wochen erotische Träume von wildem Sex mit dem Lehrer ihrer Tochter habe und sich deshalb ganz furchtbar schuldig und schlecht fühle, weil sie doch total happy mit ihrem Mann sei. Vielleicht war es ein ungeschickter Gedankensprung meinerseits, aber spontan musste ich wieder mal an meinen Hund denken. Manchmal liegt er in seinem Korb und schläft mit halb geöffneten Augen. Dabei zuckt und jault er. Vielleicht träumt er von der Jagd, vielleicht von der Pudelhündin nebenan – wer weiß. Und dann wacht er auf, guckt etwas verdutzt in die Runde und rollt sich zufrieden mit seinem ruhigen Hundeleben ohne Jagd und Liebelei in seinem Korb zusammen. Wir Menschen können unsere Träume in der Regel etwas genauer betrachten und uns fragen: Existieren da vielleicht doch Defizite in meiner Partnerschaft? Vermisse ich etwas? Habe ich Bedürfnisse, die mein Partner nicht (mehr) erfüllt? Gibt es geheime

Sehnsüchte, die ich nicht ausleben kann? Kann ich in dieser Beziehung ganz ich selbst sein? Falls nicht: Was hindert mich daran, und möchte ich es mit meinem Partner ändern? Oder weckt ein anderer Mensch eine fast vergessene Erinnerung daran, dass Verliebtheit ein wundervoller Rauschzustand ist – wenn auch für eine überschaubare Dauer…?

Letztlich fand meine Freundin das Hundebeispiel gar nicht so deplatziert, denn die dazugehörigen Fragen halfen ihr, die Gefühle zu verstehen, die sie ein Stück weit aus der Bahn warfen.

Egal, wo die individuellen Treuegrenzen sind, und egal, ob Mann oder Frau statistisch häufiger fremdgehen oder sich plötzlich Herz über Kopf verlieben. Tatsache ist: Die meisten Paare geraten in eine Krise, wenn der Pfad der Treue verlassen wird.

Untreue kommt in den besten Familien vor und ist dennoch in den meisten Fällen hochproblematisch. Paartherapeut Holger Lendt, der das Buch *Treue ist auch keine Lösung* geschrieben hat, hält darin ein leidenschaftliches Plädoyer für mehr Freiheit in der Liebe und regt an, die Liebe in den Mittelpunkt zu stellen, anstatt mit Untreue und »Gesetzesbrüchen« zu kämpfen. Zumal Treue kein Garant für Liebe, sondern in manchen Fällen eher eine lieblose Gewohnheit ist. Spannende Ideen, die den Moral-Horizont erweitern.

Aber gilt am Ende des Tages nicht für die Treue das Gleiche wie für alle anderen Lebens- und Liebesthemen: Erlaubt ist, was allen Beteiligten gefällt? Manche Menschen lieben das Leben miteinander im Weißstorchmodus, andere fühlen sich pudelwohl als polygamer Hund. Wenn Hund und Storch das Leben miteinander teilen möchten, gilt es vor allem, für beide passende Beziehungsmodelle zu erarbeiten und nicht den Kopf unter die Decke zu stecken und jeden Abend zu beten, dass der Terrier nicht durch andere Gärten stromert.

Eines Tages ist der Terrier grau und die Flucht aus dem Garten zu anstrengend geworden. Jetzt, wo die Brut flügge ist und Mutter und Vater in die Liga der Großeltern aufgestiegen sind, haben sie endlich Zeit und sturmfreie Bude, um frei von jeder Alltagshektik nach Lust und Laune Sex zu haben. Doch da klopft es schon wieder an der Moral-Tür.

Liegt es daran, dass das gesellschaftliche Interesse an Studien über Leidenschaft über fünfzig lange Zeit im Minusbereich lag? Oder war es einfach ein Tabuthema? Und wenn ja, warum? Freie Liebe für alle, Schluss mit der Prüderie der Fünfzigerjahre und Befreiung der Sexualität – so lauteten die Forderungen der Achtundsechziger-Bewegung. Und das galt sicher ohne Altersbeschränkung. Wo aber sind die wilden Kämpfer von damals geblieben? Jedenfalls wurde über Jahrzehnte hinweg angenommen, dass es im Alter keine Sexualität gebe, zumindest wurde diese totgeschwiegen. In einigen Rentnerheimen herrschte sogar laut Hausordnung ein gegenseitiges Besuchsverbot, um körperliche Nähe zu unterbinden. Haben Sie jemals ein älteres Paar im Park, am Strand oder auf der Straße knutschen gesehen? Oder in Filmszenen übereinander herfallend, sobald die Enkel das Haus verlassen haben? Warum ist das so? Fühlen ältere Menschen sich durch Veränderungen am Körper wie Falten, Wehwehchen oder Prothesen unattraktiv und ziehen sich zurück?

Irgendwie irre: Die Menschen leben immer gesünder, sie bleiben bis ins hohe Alter fit, kleiden sich jugendlich, treiben Sport und machen Abenteuerreisen – aber Sex?

Dabei haben Liebe, Verlangen, Zärtlichkeit und Sex so wenig ein Verfallsdatum wie Salz und Schnaps. Manche Studien behaupten sogar, dass Menschen ab sechzig den besten, aufregendsten und genussvollsten Sex ihres Lebens haben. Allerdings gibt es dabei auch schlechte Nachrichten, vor allem für Männer über siebenundfünfzig: Bei ihnen steigt bei häufigen Orgasmen das Herzinfarktrisiko. Frauen im selben Alter tut Sex hingegen gut.

Die Ignoranz gegenüber dem Liebesleben älterer Menschen hat Filmemacher Andreas Dresen aufgegriffen, um zu zeigen, dass Liebe und Sex in unserer Gesellschaft ab einem bestimmten Alter scheinbar aufhören zu existieren. 2008 brachte er den Film *Wolke 9* in die Kinos, der ohne Weichzeichner, radikal und ergreifend, berührend und ohne Scheu die leidenschaftliche und tragische Liebesgeschichte zwischen zwei alten Menschen erzählt. Der Film wurde ebenso begeistert gefeiert, wie er auf der anderen Seite Entsetzen auslöste. Als ich mit einer Gruppe Freundinnen darüber sprach, sagte eine Freundin: »Geschmacklos. Muss man wirklich so alte Körper beim Sex zeigen? Ich finde, das ist eine Zumutung.«

Ich war total geschockt, triggerte es doch das alte Frauendrama: Ich bin nicht jung, nicht schön genug, nicht begehrenswert genug – also verhülle ich mich mit Säcken und dümpele geschlechtslos auf der Zielgeraden bis zum Tod, oder was? Dürfen nur junge, knackige und kerngesunde Menschen sich miteinander vergnügen? Ich glaube, die Mitarbeiter in Senioren- oder Pflegeheimen könnten ein Lied von Liebesglück, -leid und Eifersuchtsdramen singen. Öffentlich wird jedoch darüber geschwiegen. Warum? Vielleicht ist es verständlich, dass die heute Achtzig- oder Neunzigjährigen, die Jahrzehnte ihre Lust im Verborgenen ausgelebt haben, nicht plötzlich im Seniorenheim den Schalter umlegen können und einem fröhlich-freien Liebesleben frönen. Aber warum ist das Thema Sex im Alter auch für den Rest unserer Gesellschaft häufig noch so ein Tabu?

Ärzte befragen ihre älteren Patienten zwar nach allen möglichen Befindlichkeiten, von Nahrungsaufnahme über Verdauung bis hin zu Schmerzen, aber wenn es um sexuelle Bedürfnisse oder Probleme geht, verstummen auch sie. Selbst in der Weiterbildung zur Geriatrie wird das Thema vollkommen ausgeklammert. Verrückt angesichts der vermehrt ganzheitlichen Betrachtung von Gesundheit.

Man kann es drehen und wenden: In der Betrachtung der Gesellschaft ist Sexualität noch immer der Jugend vorbehalten. Und daran hat selbst *Wolke 9* nicht viel verändert.

»Auch nach dem Film sind die Schranken im Kopf geblieben, und es gilt nach wie vor als ein Tabuthema in der Anamnese«, sagt Prof Dr. Heppner, Präsident der Deutschen Gesellschaft für Geriatrie. »Meiner Ansicht nach völlig zu Unrecht, aber ich denke, wir müssen uns da sehr vorsichtig herantasten.«

Bis es so weit ist, werden Senioren wohl weiterhin aus Scham über die eigenen Bedürfnisse und aus Angst vor der Reaktion anderer die bestellte Prostituierte als Tochter oder Nichte ausgeben, um sie aufs Zimmer zu schmuggeln.

Doch was das Schmuggeln betrifft: Was ist eigentlich mit den Menschen, die dazu nicht selbst in der Lage sind?

Auf der Sex-Tabu-Skala steht der Sex von Menschen mit Behinderung noch Kilometer über Sex im Pflegeheim.

Natürlich haben Menschen mit körperlichen und geistigen Einschränkungen, die Sex nicht ohne Weiteres in einer Beziehung ausleben können, den Wunsch nach körperlicher Nähe, Zärtlichkeit und Sex. Sexualität gehört nun mal zu den existenziellen Bedürfnissen. Doch manche haben bis ins Rentenalter noch nie einen Kuss bekommen, geschweige denn mehr. Wie traurig!

Die gute Nachricht: Seit einigen Jahren wird in Deutschland über Sexualassistenz diskutiert. Die sexuelle Begleitung umfasst die Suche nach einem intimen Raum, die Beschaffung von Verhütungsmitteln und auch Unterstützung beim Geschlechtsverkehr. Inzwischen gibt es in verschiedenen Ländern Einrichtungen und Vereine, die diese Bedürfnisse ernst nehmen und Menschen mit körperlicher oder geistiger Behinderung ermöglichen, ihre Sexualität, ihren Wunsch nach Zärtlichkeit mit dem Körper-Kontakt-Service im geschützten Raum auszuleben. Sie informieren Betreuer, Angehörige und Betroffene bei Fragen von Verhütung bis zu Hilfsmitteln und helfen vor allem, das Schweigen darüber zu brechen. Endlich! Ich selbst hatte noch nie zuvor von der Möglichkeit der Sexualassistenz für Menschen mit Handicap gehört. Das ist doch furchtbar. Neugierig sprach ich das Thema bei meinem nächsten Frauenabend an: »Was wisst ihr über die Diskussionen zum Thema Sexualassistenz für Menschen mit Behinderungen?« Keiner meiner Freundinnen hatte je von Sexbegleitern gehört. Warum wohl? Was die Enttabuisierung angeht, ist hier noch viel Luft nach oben! Aber Nathalie erzählte: »Ich erinnere mich, dass ich früher auf dem Weg zur Schule oft an einer Behindertenwerkstatt vorbeikam. Manchmal stiegen da auch Pärchen mit Trisomie 21 in den Bus, schwer verliebt, turtelnd, einfach schön. An den Blicken anderer erkannte ich jedoch, dass nicht alle Businsassen das Gefühl teilten.«

Ich machte mich weiter auf die Suche und fand immerhin ein Edelbordell in Berlin mit barrierefreiem Zugang zu den Suiten, Hebevorrichtungen zu den Pools und für den Begleiter einem Drink im diskreten Wartebereich. Jeder zehnte Gast dort ist Rollstuhlfahrer. Das klingt für mich tatsächlich nach einer neuen Freiheit.

Übrigens: Seit letzter Woche verstehe ich die Floskel »Habt ihr noch Sex, oder spielt ihr schon Golf?« erst richtig. Ich habe nämlich nach vielen Übungsstunden auf der Driving-Range endlich meine Golf-Platzreife gemacht – danach die erste stolze Runde über den Golfplatz. Neun Löcher, sechzig Schläge und zweieinhalb Stunden an der frischen Luft. Kaum zu Hause, bin ich ohnmächtig auf dem Sofa eingeschlafen – müde und zufrieden wie nach einem Kindergeburtstag. Und zum Glück nur mit meinem Hund zu Füßen.

6

Das No-Go Krankheit
und andere Körperlichkeiten

*Zu viel über Krankheiten zu reden, ist furchtbar, aber
es gar nicht zu tun, ist noch schlimmer. Denn es gibt
Erkrankungen, bei denen Schweigen zur extremen
Belastung werden kann. Wie viel Leidens-Talk ist gesund?*

Welch ein spannendes Abenteuer: Eine Woche lang wollte
ich mit Beduinen und Dromedaren durch die Sahara ziehen.
Nächte unterm Sternenhimmel verbringen, sanft schaukelnd
durch die Wüste reiten. Ein beruhigender Gedanke war für
mich als allein reisende Frau, dass Bernd mich begleiten
würde, Veranstalter und Reiseleiter in einem. Schon im Vor-
weg hatte er am Telefon geduldig all meine Fragen beantwortet. Am Flughafen von Marrakesch wollte er mich abholen,
um mich zu der Oase zu bringen, wo die Beduinen schon
auf mich warteten. Als Bernd mich in der Ankunftshalle ent-
deckte, winkte er mir freundlich zu und kam mir mit einem
sonderbar breitbeinigen Gang entgegen. Vielleicht eine Portion Testosteron zu viel gefrühstückt? Oder zu lange im Sattel
gesessen?, dachte ich, bis er mir offenbarte: »Leider kann ich
nicht jeden Tag auf der Tour dabei sein. Ich kann weder lange

laufen noch auf einem Kamel reiten.« Er machte eine Geste mit den Händen, als würde er zwei Melonen halten, und fuhr fort: »Ich habe sooo dicke Eier. Eine eitrige Hodenentzündung, muss jeden zweiten Tag zum Arzt.«

Sofort sprang mein Kopfkino an und sandte mir ungefragt Dutzende Bilder aus Bernds Intimregion. Zugleich musste ich an meine vierundneunzigjährige Mutter denken. Wann immer ich sie in der Senioreneinrichtung besuche und frage, wie es ihr gehe, predigt sie: »Kind, über Krankheiten spricht man nicht!« Und im nächsten Moment berichtet sie lebhaft davon, wer sie in der vergangenen Woche mit welchen Krankheitsschilderungen gelangweilt hat.

Langweilig fand ich Bernds Erläuterungen nun nicht. Dennoch wäre mir viel lieber gewesen, er hätte mir jegliche Details erspart.

»Selbst die beste Krankheit taugt nichts«, lautet ein altes Sprichwort. Und es gibt zig Studien in der Glücksforschung, die das bestätigen. Obwohl wir uns schwertun mit der nötigen Bewegung, wir manchmal eben doch lieber einen Burger essen statt eine Rohkostplatte oder immer wieder an dem Versuch scheitern, das Rauchen aufzugeben: Ein wichtiger Glücksfaktor für die meisten von uns ist die Gesundheit.

Ist das vielleicht der Grund dafür, dass zu jeder Begrüßung selbstverständlich auch ein »Wie geht es dir« gehört?

Dabei ist längst nicht jeder wirklich daran interessiert, wie es dem anderen geht, und ebenso möchte nicht jeder ständig und offen Auskunft über sein Befinden geben. Die Frage ist, wie wir bereits gesehen haben, in vielen Fällen einfach eine Höflichkeitsfloskel, die dann ebenfalls aus Höflichkeit mit »gut« beantwortet wird – egal, ob die Augen tränen, die Nase läuft oder das Bein frisch gebrochen ist. Daneben gibt es Menschen wie Bernd, die ohne Scheu, wenig sensibel und sogar ungefragt unsere Sinne mit Bildern von eiternden Hoden bombardieren.

Eine ähnliche Erfahrung hatte ich bereits ein paar Tage vor meiner Marokkoreise gemacht. Ich stand in der Apotheke und wartete, als ein Kunde vor mir lautstark begann, dem Apotheker seine Beschwerden vorzutragen: »Ich habe da so einen juckenden Ausschlag auf der Brust ...«

Unwillkürlich visualisierte ich die Information – und bekam weitere Unterstützung seitens des auskunftswilligen Kunden:

»Manchmal ist mein ganzes Hemd durchnässt, und nachts kratze ich mich blutig.« Vor der entsetzt blickenden Mitarbeiterin knöpfte er sein Hemd auf. Ich entschloss mich aus dem Stand, erst einmal meine restlichen Einkäufe zu tätigen und später zurückzukehren, um meine Reiseapotheke zu vervollständigen. Nach zwei Stunden stand ich wieder am Tresen und erklärte dem Apotheker meine Flucht. »Das passiert hier jeden Tag, und es geht noch schlimmer«, sagte er lachend. »Neulich hat ein Kunde, nachdem er Zäpfchen bei mir gekauft hat, sofort die Packung aufgerissen, die Hose in die Knie fallen lassen und eines vor meinen Augen eingeführt.«

Tja, nicht immer ist eine Flucht möglich, das gilt sogar für mich: Zwischen zwei Einkaufswagen an der Supermarktkasse, unter der Dusche im Sportclub oder am Schultor saß ich bereits fest, während um mich herum lautstark über Fußpilz, Inkontinenz und Impotenz gefachsimpelt wurde. Selbst zu Hause werde ich manchmal mit Schilderungen konfrontiert, die mich trotz aller Mutterliebe überfordern. Neulich schnäuzte sich einer meiner Söhne die Nase und kam dann mit dem Taschentuch zu mir gelaufen. Er klappte es auf, präsentierte mir den Inhalt und fragte: »Ist das normal, wenn das so aussieht…?«

Lustigerweise gibt es aber auch die Abteilung gesellschaftsfähige und damit Small-Talk-taugliche Leiden. Ich sage nur: »Rückenprobleme nach der Teilnahme am Halbmarathon« oder »Tennisarm nach der erfolgreichen Sommersaison«. Da erinnert die Unterhaltung manchmal gar an einen Wettbewerb. Eine Knieoperation? »Ich bin schon dreimal am Meniskus operiert worden.« Nackenverspannungen? »Also, ich hatte ja einen doppelten Bandscheibenvorfall an der Halswirbelsäule. Das war erst unangenehm!«

Beim Austausch von Krankheitserfahrungen bekommen wir allerdings auch hilfreiche Unterstützung in Form von praktischen Tipps. Als ich mit einem Kreuzbandriss aus den Skiferien zurückkam, haben mir die Lifehacks, wie man mit Krücken im Haushalt zurechtkommt, sehr geholfen. So habe ich mein Frühstück zum Beispiel immer im Rucksack von der Küche zum Esstisch transportiert. Und auch Trost erfuhr ich auf diesem Weg. »Natürlich ist es eine langwierige Geschichte. Aber du musst dir keine Sorgen machen, ich konnte schon im Jahr darauf wieder joggen und sogar Ski laufen.«

Zurück zu den Tabus. Was ist eigentlich mit der Menstruation? Eigentlich ist es ja schon krank, Menstruation in einem

Kapitel mit dem Thema Krankheit aufzugreifen, denn sie gehört zum Frauenleben wie Essen, Verdauen, Schwitzen und Atmen. Aber zum Kapitel Sterben passt sie noch schlechter, auch wenn mancher lieber tot umfallen würde, als über »die Tage« zu sprechen. Denn trotz aller Aufklärung ist das Thema noch immer verpönt.

»Über die Vagina quatschen, warum nicht! Doch kaum fließt ein bisschen Blut, flüchten die Menschen, als würde ein DJ die Tanzfläche leerspielen, und brauchen Frauen dringend einen Tampon, verhalten sie sich wie Drogendealer, damit bloß niemand die Übergabe von drei Gramm gepresster Watte bemerkt«, schreibt Heike Kleen in ihrem herrlich erfrischenden Artikel im Spiegel über Fakten und Mythen zur Menstruation. »Wenn es um menstruierende Frauen geht, rücken selbst große Religionen eng zusammen: Ob in Judentum, Islam oder Hinduismus, immer ist die Frau an diesen Tagen unrein. Sie darf das Gotteshaus nicht betreten, und Sex mit ihr ist tabu. Auch in der katholischen Kirche galt das Weib dank der Menstruation als minderwertig und konnte ausgeschlossen werden. Schließlich war die Blutung die Strafe für die Verfehlung Evas. Und in vielen asiatischen und afrikanischen Ländern werden Frauen einmal im Monat wie Aussätzige behandelt.«

So schlimm ist es zum Glück in Deutschland nicht. Aber es scheint noch ein großes Stück Umdenkarbeit vor uns zu liegen, bis Menstruation ein Small-Talk-Thema wird. Sonderbar finde ich es auch, dass Tampons bis Ende 2019 wie Luxusartikel und nicht wie Güter des täglichen Bedarfs besteuert wurden. Ich würde gern noch einen draufsetzen und

Amika George unterstützen, die sagt: »Wir brauchen kostenlose Hygieneartikel an Schulen, das ist ein Menschenrecht.« Denn wenn wir nicht über die Tage sprechen, sprechen wir auch nicht über »Periodenarmut«. Über das also, was passiert, wenn Mädchen und Frauen sich keine Tampons, Binden oder Menstruationstassen leisten können. Ich finde, Tampons müsste es auf Rezept geben, und zwar ohne Gebühren. Und sie müssten in allen öffentlichen Toiletten ausgelegt werden wie Klopapier.

Zurück zu den Krankheiten und zu meiner Mutter: Auf meine Frage nach ihrem Befinden würde ich gern eine Antwort bekommen, ohne jedes Mal stundenlang nachbohren zu müssen.

Ja, es hebt nicht gerade die Stimmung, wenn jemand täglich klagt, wie schlecht es ihm geht, und sich nur auf Negatives konzentriert. Besser für die Lebensqualität wäre es auf jeden Fall, sich über alles zu freuen, was man hat. Aber das ist leicht gesagt, wenn täglich neue körperliche Einschränkungen dazukommen und Fähigkeiten, die das ganze Leben über selbstverständlich waren, verloren gehen.

Meine Mutter ignoriert die Verbindung von Alter und Einschränkungen konsequent: »Ich habe einfach zu viel Tennis gespielt in meinem Leben, Kind. Was glaubst du, was Boris Becker und Steffi Graf heute für Beschwerden haben?«, erklärt sie mir, wenn sie mit ihrer Arthrose im Knie nicht die Treppe runterkommt. Und lieber läuft sie derart wackelig durch den Speisesaal, dass alle Mitbewohner schon den Finger am Notrufknopf haben, als einen Rollator zu benutzen. Der ist laut ihr nämlich »nur für alte Menschen«. Aber schneidet sie sich mit dem ständigen Überspielen ihrer Probleme letztlich nicht ins eigene Fleisch? Wäre es nicht besser, sie hielte sich an die Weisheit »Geteiltes Leid ist halbes Leid«, statt an »Über Krankheiten spricht man nicht«?

Wie anstrengend muss es sein, ständig Schmerzen zu überspielen und eine nicht vorhandene Gesundheit vorzutäuschen. Und wie erleichternd könnte es sein, wenn man wüsste, dass Herr Meier auch seit Jahren ein Hörgerät trägt und Frau Müller wegen ihrer Arthrose mit dem Gedanken spielt, sich einen Treppenlift einbauen zu lassen.

Im Rückbildungskurs nach der Entbindung litten wir jungen Mütter fast alle unter demselben Problem: der postnatalen Inkontinenz. »Keine von euch erzählt heute bitte einen Witz«, war damals die Ansage unter uns Beckenboden-Geschädigten und half uns, im gemeinsamen Austausch und mit viel Humor damit umzugehen. So möchte ich es auch im Alter halten. Ich stelle mir vor, wie ich mit meinen Freundinnen beim Frühstück sitze und es keiner von uns gelingt, mit der nervigen Handarthrose ein Brötchen aufzuschneiden. Am Ende stecken wir Weißbrot ohne Rinde in den Toaster und plaudern lachend über Zeiten, in denen uns ein Tennisarm wie ein Problem vorkam.

Abgesehen von kleinen Wehwehchen oder Alterseinschränkungen: Jeder Zweite erkrankt mittlerweile im Lauf seines Lebens an Krebs. Auch die Zahl der Menschen, die unter Ängsten, Abhängigkeiten oder Depression leiden, ist groß. Theoretisch ist das bekannt, dennoch ist es auch heute noch vielfach tabu, offen darüber zu sprechen. Warum? Ich erwähnte es schon: Wir leben in einer Gesellschaft, die ein großes Buhei um Erfolg macht.

Ist vielleicht die Sorge, aufgrund einer Erkrankung nicht (mehr) dazuzugehören oder in der Zweite-Wahl-Schublade zu landen, so groß, dass Betroffene lieber ihr Leid verschweigen und alle Kräfte aufwenden, um Gesundheit vorzuspielen? Oder ist es der Gedanke: Alle anderen schaffen so viel, nur ich, ich bringe es einfach nicht!?

Wie könnte es sich anfühlen, die Maske fallen lassen zu dürfen, nicht länger den »Starken« spielen zu müssen, Sorgen und Nöte zu benennen und den aus den Fugen geratenen Alltag mit der Unterstützung anderer zu meistern?

Und nicht nur Kranke sind mit Diagnosen konfrontiert, die sie überfordern. Auch Angehörige müssen lernen, damit umzugehen. Warum fällt es uns so schwer, den Dingen ins Auge zu sehen? Natürlich haben wir Angst um den Kranken. Dazu schleicht sich manchmal auch die Angst um uns selbst ein. Denn die Krankheit erinnert uns daran, wie verletzlich und sterblich wir sind.

Wir alle haben schon zigmal über Schnupfen, Husten oder Bauchschmerzen geklagt. Aber was, wenn die Ursache der Bauchschmerzen ein bösartiger Tumor ist? Damit kennen wir uns eben nicht aus, haben keine Erfahrungen, wie es sich anfühlt, was es bedeutet, wo es hinführt und vor allem, wie man darüber spricht. Als eine sehr enge Freundin mich mit ihrer Krebsdiagnose konfrontierte, war mir, als hätte man mich vom sicheren Boden aufs Glatteis geschubst.

Wir waren damals eine Gruppe von vier unzertrennlichen

Frauen und trafen uns regelmäßig für ein paar vergnügte Stunden. Diesmal hatte Viola uns zum Frühstück in ihr Haus am Stadtrand eingeladen. Die Sonne schien, der Tisch in ihrem wilden Bauerngarten war mit den köstlichsten Leckereien gedeckt, wir freuten uns über unser Treffen, waren entspannt und glücklich.

Nachdem wir unseren ersten Kaffee getrunken und ein paar Neuigkeiten ausgetauscht hatten, wurde es etwas ruhiger. Ich genoss die wärmenden Strahlen der Frühlingssonne, mein Krabbensalat-Brötchen, die Freundinnen um mich herum.

»Ich habe mich untersuchen lassen…«, begann Viola vorsichtig. »Ihr wisst ja, mein Bäuchlein«, fügte sie hinzu, lächelnd, aber mit ernstem Blick. Sie zog ihre hellblaue Wollstola etwas enger um ihren Körper. »Es ist Krebs. Ein Tumor, so groß wie ein Kindskopf, sagt mein Arzt. Nächste Woche werde ich operiert.«

Violas Bäuchlein – immer wieder hatten wir darüber geschmunzelt, dass ausgerechnet die superschlanke und zarte Viola, um deren Figur wir sie alle beneideten, diese charmante kleine Wölbung hatte. Auch Viola selbst hatte immer Witze darüber gemacht. Und jetzt sollte ein Tumor der Grund sein.

Es fühlte sich nicht richtig an. Diese Worte passten nicht in unsere fröhliche Runde, nicht zu Violas wunderschön gedecktem Frühstückstisch, nicht in diesen perfekten Blumengarten, nicht in unser Leben. Mir wurde kalt. Langsam, Buchstabe für Buchstabe, erreichten Violas Worte meinen Verstand. Natürlich wusste ich: Krebs, Herzinfarkte, Schlaganfälle – die Zahl der schweren Erkrankungen nimmt mit dem Lebensalter zu. Aber so was passierte doch nicht hier an unserem Frühstückstisch. Nein, das war so weit entfernt wie die zunehmenden Waldbrände in Kalifornien.

Einem irrationalen Impuls folgend, wünschte ich mir für einen Moment, einfach nichts davon gehört zu haben. So wie kleine Kinder, die sich die Finger in beide Ohren stecken und laut »Lalala« singen, um die schimpfende Mutter zu ignorieren. Aber natürlich musste ich, nein, wollte ich etwas dazu sagen. Aber was?

»Kein Zweifel?«, fragte Monika.

Viola schüttelte nur den Kopf.

»Du machst ja Sachen«, sagte Tina, stand auf und nahm Viola in den Arm, während ich immer noch nach Worten suchte.

Wenn es regnet, spannen wir einen Schirm auf. Treffen wir auf dem Weg nach Hause auf eine Baustelle, wechseln wir die Straßenseite. Und Behördenbriefe lasse ich grundsätzlich erst mal eine Woche liegen. Es ist ein natürlicher Reflex, unangenehmen Dingen auszuweichen. Aber ich fühlte, dass Ausweichen hier an diesem Tisch keine Lösung war.

Ich umschloss mit beiden Händen den wärmenden Kaffeebecher und spürte, wie Violas Worte endlich nicht nur meinen Verstand, sondern auch meine Seele erreichten. Wir kannten uns seit zwanzig Jahren. Wir hatten unsere Babys auf dem Sofa synchron gestillt, Kindersorgen geteilt, Eheprobleme besprochen, geweint, gelacht, Zukunftspläne geschmiedet. Krebs war darin nie vorgekommen. Wir wussten viel übereinander und waren immer ehrlich miteinander umgegangen. Ganz sicher wollte ich meiner Freundin auch jetzt nichts vormachen. Wollte weder so tun, als ob ich mir keine Sorgen machen würde, noch sie mit Floskeln wie »Das wird schon wieder« aufmuntern.

»Das hat mir jetzt die Sprache verschlagen«, sagte ich schließlich. Dann fragte ich sie, wie sie sich fühle, ob sie Angst habe oder in Sorge vor der Operation sei. Ich stellte einfach die Fragen, die im Raum standen, und erfuhr, dass Viola natürlich einen großen Schreck bekommen hatte, aber im Allgemeinen sehr zuversichtlich war. Nach dieser Ankündigung trank sie einen Schluck Prosecco und erzählte – zu unser aller Verblüffung – unvermittelt von den neuen grünrosa Sandalen, die sie sich für den Sommer gekauft hatte. Womit sie deutlich das Signal gab, dass das Thema Krebs für heute erledigt sei. Vielleicht brauchte sie Zeit, um erst mal ein Stück weit allein mit der Diagnose klarzukommen. Vielleicht wollte sie lieber die Freundin mit dem Gespür für die hippsten Sandalen der Saison sein oder Details über meine neuen Dating-Erfahrungen hören, statt als Schwerkranke bedauert zu werden.

Und trotz der großen Sorge um meine Freundin und dem Wunsch, mehr zu erfahren, fühlte sich das in diesem Moment gut und richtig an. Ist nicht jede Krankheit nur ein kleiner Teil eines Menschen?

Warum machen wir es uns so schwer, wenn es um offene Gespräche über schwere Krankheiten geht? Gehören sie nicht genauso zum Leben wie die Gesundheit, wie Geburt und Sterben? Gilt im Umgang mit Betroffenen nicht eigentlich das Gleiche, was für jede Beziehung und Kommunikation gilt? Der Unterschied ist nur: Wenn ich im Eifer einer lebendigen Unterhaltung einmal nicht richtig zuhöre, meinen Gesprächspartner nicht ausreden lasse, so ist das in der nächsten Minute vielleicht wieder vergessen. Ich nehme mir selbst die kleine Unachtsamkeit nicht übel. Aber im Gespräch mit Kranken erlauben wir uns keine Fehler. Wir sind unsicher, haben Angst, falsche Fragen zu stellen, unpassende Worte zu wählen – wollen einfach alles richtig machen. Und vor lauter Sorge, an diesem hohen Anspruch zu scheitern, schweigen wir lieber und lassen den geliebten Menschen mit seiner Krankheit allein.

Ob miteinander reden, dem anderen zuhören oder gemeinsam schweigen – wichtig ist aus meiner Sicht vor allem, dass man sich kümmert: dass man Anteil nimmt und versucht zu erspüren, was gerade notwendig ist, was der andere sich wünscht und was ihm gerade hilft. Auch wenn wir alle uns an jenem Morgen gewünscht hätten, mehr über Violas Krankheit zu erfahren und sie mit Berichten über erfolgreiche Krebstherapien zu ermutigen, mussten wir uns das für einen anderen Zeitpunkt aufheben. Für dieses Mal war Viola fertig mit dem Thema. Vielleicht belasteten sie unsere mitleidigen Blicke. Vielleicht war es für sie die hilfreichste Therapie, mit uns für ein paar Stunden in die Leichtigkeit des vertrauten Alltags zurückzukehren, bevor sie sich der Diagnose erneut stellen musste.

In den folgenden Jahren lernte ich, achtsam im Umgang mit Viola zu sein. Wenn ich mich mit ihr traf oder wir telefonierten, versuchte ich herauszuhören, was anlag: War ihr nach fröhlichem Freundinnen-Talk zumute? Oder würde sie lieber

Sorgen mit mir teilen, mir von ihren Untersuchungen erzählen? Und wenn es nicht klappte mit dem Erspüren, fragte ich offen: »Hast du Lust zu erzählen, wie die Behandlung läuft, wie es dir geht, wie der nächste Schritt ist?«

Und immer bekam ich auf offene Fragen ehrliche Antworten: »Lass mal gut sein heute.« Oder eben: »Ja, ich würde gern reden.«

Von da an war ihre Krankheit Teil des Lebens und Teil unserer Freundschaft. Ich erfuhr viel über Violas Gedanken, Sorgen, Ängste. Aber daneben sprachen wir genauso viel wie früher über unsere Kinder, Partnerschaften, Jobs, über Reisen, unseren ganz normalen Alltag. Ich habe zum ersten Mal durch Viola erfahren, wie wichtig es ist, eine solche Krankheit ernst zu nehmen, aber ihr gleichzeitig nicht zu viel Platz einzuräumen. Denn auch die meisten chronisch erkrankten Menschen möchten so weit wie irgend möglich ein normales Leben führen und nicht nur auf ihre Krankheit reduziert werden.

Und dann, viele Jahre nach unserem Frauenfrühstück im Garten, sprach Viola zum ersten Mal über die »verbleibende Lebenserwartung«, und eines Tages verlor meine geliebte Freundin den Kampf gegen den Krebs …

Neben den lebensbedrohlichen körperlichen Krankheiten sind da noch die unsichtbaren, die nicht greifbaren, schwer zu verstehenden psychischen Erkrankungen. Trotz aller Aufklärung, die sich in Büchern wie *Warum normal sein gar nicht so normal ist* spiegelt: Emotionale Störungen und psychische Beschwerden werden noch immer tabuisiert. Und das, obwohl laut Statistik jeder dritte Mensch an einer seelischen Erkrankung leidet.

Ob Depressionen, Burn-out, Demenz, Angst- oder Zwangsstörungen – die Seele erkrankt nicht über Nacht. Hinter diesen Krankheitsbildern steckt kein Virus, das uns anfliegt, ein paar Tage nervt und dann wieder verschwindet. Psychische Erkrankungen schleichen sich häufig auf leisen Sohlen in unser Leben. Wer seine Hände fünf bis zehn Mal täglich wäscht, handelt nach dem üblichen Hygieneverständnis, wer es häufiger tut, handelt gerade in Zeiten von Covid-19 verantwortungsbewusst und vernünftig. Wer seine Hände aber bis zu hundert Mal am Tag wäscht und deshalb zu spät im Büro oder zu Verabredungen erscheint, leidet unter einem Waschzwang. Ein weiteres Beispiel, das wir alle kennen: Eine Nachbarin begegnet uns auf der Straße und begrüßt uns herzlich mit Namen, während wir verzweifelt in unseren Hirnwindungen nach ihrem suchen. Vielleicht haben wir einfach gerade lauter andere Dinge im Kopf. Passiert das aber immer öfter, mit wechselnden Personen und bald auch Gegenständen, rutschen wir womöglich in eine beginnende Demenz.

Es gibt Menschen, die nicht mehr am Familienleben teilnehmen können, in der Partnerschaft abtauchen, alle Sozialkontakte abbrechen, denen es nicht möglich ist, morgens aufzustehen, weil sie eine schwere Depression haben. Wenn so viele Menschen an psychischen Erkrankungen leiden, warum hören wir so selten davon?

Weil eben auch heute und trotz aller Offenheit, Artikel, Bücher, Selbsthilfegruppen noch immer niemand gern zugibt, anders zu sein. Aus Scham über den unsichtbaren Makel, aus

Angst, ausgegrenzt zu werden oder in der »Psycho-Schublade« zu landen.

Das Gefühl kenne ich selbst ein wenig. Ich erinnere mich an ein Treffen mit meiner Freundin Sabine. Ich erzählte ihr von einem Artikel über Angststörungen, den ich für eine Frauenzeitschrift geschrieben hatte. Und plötzlich landeten wir bei uns. »Manchmal habe ich nachts so komische Gefühle, eine Art Angst, die ich nicht einordnen kann«, begann ich und beobachtete Sabines Reaktion. Würde sie ungläubig den Kopf schütteln? Meine Gefühle abtun? Aber stattdessen lächelte sie erleichtert und sagte: »Von Ängsten kann ich ein Lied singen.« Dann offenbarte sie mir, dass sie wochenlang nicht das Haus verlassen konnte, weil sie plötzliche Panikattacken bekam. Und ich erzählte ihr von meinen irrationalen Verlustängsten, von Sorgen um die Kinder, die ebenso wenig greifbar wie erklärbar waren und die mich nachts heimlich in ihre Zimmer schleichen ließen. Trotz des ernsten Themas konnten wir irgendwann über uns »ganz normale« Frauen mit den »nicht normalen« Problemen lachen. Und das tat gut!

Vielleicht fällt uns das Sprechen über psychische Krankheiten ja auch deshalb schwer, weil es uns noch immer nicht gelungen ist, die verstörende Geschichte der Psychiatrie abzuschütteln. Wer im Mittelalter unter psychischen Erkrankungen litt, galt wahlweise als Hexe oder von Dämonen besessen. Die »Irren« wurden in Käfige gesperrt, in Ketten gelegt, in Zwangsjacken gesteckt oder mit Schockkuren gequält, oft in Anstalten versteckt und fast immer von der Gesellschaft ausgegrenzt. Ein ganz dunkles Kapitel der Geschichte ist auch der Umgang mit psychisch Kranken im Dritten Reich, die ebenso wie Behinderte quälenden Tests unterzogen und systematisch vernichtet wurden.

Auch heute noch leben Menschen mit der Angst, aufgrund ihrer Erkrankung stigmatisiert zu werden, und ziehen es vor, über ihre Diagnose zu schweigen. Denn wer »verrückt« ist, fällt aus der Norm, hat keine Kontrolle über sein Leben. Niemand würde von jemandem, der sich beide Beine gebrochen hat, verlangen, dass er aufsteht und herumläuft wie jeder »normale« Mensch auch. Der Depressive schafft es aus den gleichen Gründen vielleicht nicht aus dem Bett: weil er krank ist. Doch ein echter Mann muss ja stark und erfolgreich sein und leidet ganz bestimmt nicht unter Depressionen. Und statt darüber zu sprechen, wie es in ihnen aussieht, betäuben viele Betroffene ihre Not mit Alkohol, Sex, exzessivem Sport…

»Wenn du nur einmal eine halbe Stunde meinen Kopf hättest, dann würdest du verstehen, warum ich wahnsinnig werde«, sagte Robert Enke einmal zu seiner Frau Teresa.

Ein erschütterndes Beispiel dafür, was Angst vor Ausgrenzung, Stigmatisierung und das daraus resultierende Schweigen anrichten können, ist der Tod Robert Enkes. Aus Angst, sich dem Verein zu offenbaren und seinen Beruf zu verlieren, hatte der Nationaltorwart sich dazu entschlossen, über seine Depression zu schweigen. 2009 nahm er sich das Leben.

Neben Depressionen sind auch Ängste auf dem Vormarsch. Im Alter von fünfzehn Jahren wachte ich nachts auf, blickte aus dem Fenster und sah, dass das Nebengebäude, in dem meine ältere Schwester mit ihrem Baby lebte, in Flammen stand. Panisch rief ich die Feuerwehr. Dann rannte ich zu ihr rüber, klingelte Sturm, klopfte, rief, denn tatsächlich schlief sie tief und fest und hatte nichts bemerkt. Als sie endlich an die Tür kam, retteten wir ihr Baby aus dem schon verqualmten Kinderzimmer und standen in Schockstarre auf der Straße, bis die Feuerwehr eintraf. Alles ging gut aus, niemand kam zu Schaden. Aber seit dem Tag leide ich unter der Angst, dass nachts ein Feuer in meinem Haus ausbrechen könnte. Ich kontrolliere mehrmals den Herd, bevor ich schlafen gehe, und das sogar, wenn ich ihn vorher gar nicht benutzt habe. Auch überprüfe ich akribisch, ob wirklich alle Kerzen im Haus ausgepustet sind. Die ganze Prozedur kostet mich jeden Abend zehn Minuten und ist völlig irrational. Aber das ist es wohl, was Zwangshandlungen kennzeichnet – die Vernunft ist ausgeschaltet, und ich komme aus der Nummer einfach nicht raus. Da nützt es mir auch nichts, wenn jemand seinen Senf dazugibt und sagt: »Einmal nachschauen reicht doch.«

Solche Bemerkungen zeigen, dass der andere gar nicht richtig zugehört hat, mein Befinden nicht ernst nimmt. Was für eine wunderbare Idee, wenn ich nicht nur mit Leichtigkeit von meiner Arthrose im rechten großen Zeh erzählen könnte, die mir das Tragen von Pumps verleidet, sondern ebenso unbeschwert auch von meiner Feuer-Neurose, ohne gleich den Die-hat-ja-nicht-alle-Latten-am-Zaun-Stempel aufgedrückt zu bekommen.

Andererseits ist es für Nicht-Betroffene oft kaum zu verstehen, was sich im Kopf von psychisch Kranken abspielt. Diese verborgenen sensiblen Seelenzustände sind für viele Menschen nicht greifbar und daher schwer nachzuvollziehen. Manch einer möchte sich vielleicht auch gar nicht damit auseinandersetzen. Weil ihm die eigenen Sorgen schon zu viel sind. Und jetzt soll er sich auch noch die ewige Litanei von Kollegen und Freunden anhören? Schon wieder krankgeschrieben, schon wieder eine Einladung abgesagt, seit Jahren immer der gleiche Zustand ... Aber was sagen Betroffene?

»Freunde und Bekannte können wenig helfen. Die größte Unterstützung ist für mich, wenn ich spüre, dass meine Zustände nicht als Laune abgekanzelt, sondern als Krankheit angenommen werden. Wenn sie mich weiterhin einladen, aber nicht beleidigt sind, wenn ich wieder kurz vor knapp absage, weil ich es nicht vor die Tür oder, wie an schlimmen Tagen, nicht mal aus dem Bett schaffe.«

Weil Humor selbst bei ernsten Lebensthemen hilft, habe ich die Frage »Sind wir nicht alle ein bisschen verrückt?« einfach in die Suchmaschine eingegeben. Es ploppten sofort jede Menge Einträge auf – von Albert Einstein (»Eine Frage raubt mir den Verstand: Bin ich verrückt, oder sind es alle anderen hier?«) bis hin zu Mark Twain, der behauptete: »Wenn wir bedenken, dass wir alle verrückt sind, ist das Leben erklärt.« Auch Einladungen zum Perspektivwechsel waren unter den Suchergebnissen: »Je größer der Dachschaden, desto besser der Blick auf die Sterne«, oder: »Freundschaft ist, wenn Verrückte mit Verrückten noch verrückter sind.«

»Wirklich krank ist, Gesundheit für selbstverständlich zu halten«, las ich neulich in einem Artikel. Natürlich wollen wir nicht ständig über Krankheiten reden müssen, aber tut nicht allein schon der Gedanke gut, es tun zu dürfen? In dem Gefühl, mit Seele und Körper und allen Einschränkungen akzeptiert zu werden?

Und nein, ich möchte niemanden ermuntern, ausführlich seinen Fußpilz zu beschreiben oder mir seine Potenzprobleme en détail zu schildern. Aber eine Antwort auf die Frage, ob Apfelessig, Olivenöl und Chili eine Lösung sind, würde mich eigentlich doch interessieren.

7

»Was passiert eigentlich, wenn Oma ins Gras beißt?«

Schweigen wir die Trauer bis ans Lebensende tot?
In Mexiko tanzen die Menschen auf den Straßen und
feiern ihre Verstorbenen. Wir Deutschen hingegen
verstummen und würgen auf Trauerfeiern trockenen
Kuchen hinunter, an dem wir eher ersticken, als über
den Tod selbst zu sprechen.

Zwischen blühenden Beeten saßen wir bei strahlendem Sonnenschein an der Geburtstagskaffeetafel im Garten des Wochenendhauses meines Vaters. Elisabeth legte uns jeweils ein Stück der verführerischen Erdbeer-Schokoladen-Sahnetorte auf die Teller und schenkte Kaffee ein. »Und? Wie geht es deinen vier Jungs? Was macht der Große?«, fragte sie und lächelte mich an.

Elisabeth und ihr Mann Kurt sind ein um die fünfzig Jahre altes Ehepaar und Freunde meines inzwischen verstorbenen Vaters. Ich kenne sie seit vielen Jahren, mag vor allem Elisabeth sehr und freue mich jedes Mal, wenn ich sie treffe. Und natürlich sprechen wir dann, wie Mütter eben so sind, auch über unsere Kinder.

Bei der Frage nach meinen Jungs blieb mir dieses Mal allerdings die Torte im Hals stecken. Elisabeths und Kurts Tochter wurde im selben Jahr geboren wie mein Sohn Nummer zwei. Aber Merle sprang vor sechs Monaten aus dem Fenster der Klinik, in die man sie wegen Depressionen eingeliefert hatte. Sie ist tot. Jeder in der Familie, Bekannte, Nachbarn und die Gäste dieser Kaffeerunde wussten das, aber niemand erwähnte es mit auch nur einer Silbe.

Wie würde es mir gehen, hier zu sitzen mit all den Menschen, die über den nahenden Sommer sprechen, die die liebevoll bepflanzten Beete und den Kuchen loben, Freundlichkeiten austauschen, während für mich jede Unterhaltung, jede Alltagshandlung, jeder Kuchenbissen eine Herausforderung ist?

Ganz unmöglich konnte ich Elisabeth von meinem Sohn erzählen, der gerade sein Abi geschafft hatte, Zukunftspläne schmiedete und von einer Party zur nächsten zog, um sich und den neuen Lebensabschnitt zu feiern, während Merle sich das Leben genommen hatte.

Es kostete mich eine Menge Mut, die Frage zu stellen, die mich bewegte: »Wie schaffst du es, mit dieser Geschichte und diesem Verlust zu leben?«

Elisabeth sah mich an. Tränen schossen ihr in die Augen. Aber gleich darauf flossen Worte, als hätte sie nur darauf gewartet, dass endlich jemand die Schleusen zu ihrer Seele öffnete. Über eine Stunde erzählte sie mir von ihrer Tochter: von ihrer Trauer, ihrer Ehe, über ihr Leben als Eltern ohne Kind. Mit dem Verlust ihrer Tochter war auch Kurt emotional verschwunden. Das war für Elisabeth kaum zu ertragen.

Statt sich nah zu sein im Schmerz, war er stumm in seine Arbeit abgetaucht und hatte für Elisabeths Leid, ihre Gedanken und Gefühle kein offenes Ohr.

Meine Freundin Babette erzählte mir von ähnlichen Erfahrungen. Ihr Vater starb sehr jung bei einem Unfall. Da war sie gerade zwanzig Jahre alt und lebte allein in ihrer ersten Wohnung. »Mein Pa war bekannt wie ein bunter Hund. Er hatte einen riesigen Kreis von Bekannten und Freunden. Aber was glaubst du, wie viele sich davon bei mir gemeldet haben? Wie viele mich, seine Tochter, gefragt haben, wie es mir nach seinem Tod geht? Ob und wie ich mit meinem Leben zurechtkomme? Ob ich Hilfe brauche? Genau zwei. Mein schlimmstes Erlebnis damals: Als ich an einem Sonntagmorgen Brötchen holte, kam mir Sabine, eine enge Freundin meines Vaters, entgegen. In der Annahme, ich hätte sie noch nicht entdeckt, wechselte sie schnell die Straßenseite, um einem Gespräch auszuweichen. Niemals in meinem Leben habe ich mich einsamer gefühlt.«

Babettes Schilderung berührte mich sehr. Auch ich kenne diese Unsicherheit im Umgang mit Trauernden. Vor einigen Monaten starb mein sechsundachtzigjähriger Nachbar. Zehn Jahre lang hatten wir mit ihm und seiner Frau Tür an Tür gewohnt. Die beiden waren wie Großeltern für meine Jungs und ein wenig auch wie Ersatzeltern für mich: wertvolle Ansprechpartner in allen Lebenslagen. Seine Frau lebte bereits seit einiger Zeit im Pflegeheim, und nun war er plötzlich über Nacht verstorben. Ein Schock für die Jungs und mich. Auch wenn er bereits alt und das Lebensende, nüchtern betrachtet, in Sicht gewesen war – auf seinen Tod waren wir dann doch nicht vorbereitet. Es lag mir am Herzen, seinen Töchtern zu schreiben, um ihnen mein Beileid auszusprechen, meine persönliche Trauer auszudrücken sowie Erinnerungen und Erlebnisse mit ihnen zu teilen. Aber obwohl Schreiben mein Job ist, fiel es mir schwer, Worte zu finden. Zehn Mal zerriss ich den Briefentwurf. Immer wieder hatte ich den Eindruck, dass die Worte nicht zu meinen Gefühlen passten. Sie wollten der Trauer nicht gerecht werden, schienen zu wenig oder zu viel Emotionen zu zeigen. Zu dem Zeitpunkt reifte in mir ein Verständnis dafür, warum manche Menschen aus der Situation flüchten und Trauernde meiden. Die Sorge, etwas falsch zu machen, und die Scham über das eigene Unvermögen sind einfach groß.

Ich dachte an Babette und versuchte es auf ein Neues. Worum ging es mir? Darum, ein Zeichen zu senden: Ich denke an dich und fühle mit dir. Dieses Ziel im Blick, losgelöst vom Anspruch, perfekt zu sein, flossen die Worte endlich.

Ich schickte die elfte Fassung des Briefes ab. Die »Straßenseite wechseln« kam für mich nicht infrage.

Ansprache und Anteilnahme sind für viele Anker, um nicht ihren Halt in den Wellen des Schmerzes zu verlieren. Und dann werden sie allein gelassen.

Uns und anderen erklären wir das Schweigen häufig mit den Worten: »Ich möchte XY nicht stören in seiner Trauer.« Aber stimmt das? Ist das »Nicht-stören-Wollen« vielleicht auch eine Flucht? Habe ich Angst vor meiner Hilflosigkeit, davor, angesichts der Trauer keine passenden Worte zu finden oder von den Emotionen der Angehörigen überrollt zu werden? Oder ist es die Beschäftigung mit der Endlichkeit, die Furcht vor dem eigenen Tod, dem Verlust Angehöriger, vor der ich flüchte, weil ich diese Gefühle nur schwer aushalte?

Für mich lohnt es sich immer wieder, hinter meine Abwehrkulisse zu schauen, in mich zu horchen, meine Emotionsschublade zu öffnen, den Inhalt genau zu betrachten und herauszufinden, was mir gerade schwerfällt und warum das so ist. Und was das Stören angeht, habe ich für mich ein paar Fragen überlegt, die ich den Trauernden stelle, wie: »Möchtest du lieber allein sein, oder kann ich etwas für dich tun?« – »Ich würde so gern helfen und für dich da sein.« Auf diese Weise kann ich zeigen, dass ich Anteil nehme, und gleichzeitig dem Trauernden die Möglichkeit geben zu sagen: Danke, heute nicht, aber vielleicht später.

Auch unbedachte Kommentare gegenüber Trauernden können Schmerz auslösen. Als eine Freundin im vierten Monat schwanger war, konnte ihr Gynäkologe bei einer Vorsorgeuntersuchung keinen Herzschlag des Fötus mehr feststellen. Der Verlust ihres Babys ließ sie in Sekundenschnelle in eine tiefe Depression verfallen. »Warum bist du denn so traurig? Da war doch noch gar nichts«, lauteten die niederschmetternden Worte ihres Mannes.

Und auch die Reaktionen des Umfelds waren nicht viel anders: »Zum Glück hast du ja schon zwei gesunde Kinder!« – »Fehlgeburten gehören nun einmal zur Schwangerschaft dazu.« – »Sei nicht traurig, ihr probiert es einfach weiter, und beim nächsten Mal klappt es bestimmt wieder.«

»Das Herz meines Mannes brach, als er versuchte, meine zerbrochenen Teile zu halten.« Schauspielerin Meghan Markle sprach nach ihrer Fehlgeburt offen über ihre Verzweiflung und ihren Schmerz und traf auch mich mit ihren Worten direkt ins Herz. Die neue Offenheit einiger Promis holt das traurige Thema Fehlgeburt endlich aus der Tabu-Kiste ins Leben. Und hilft vielen Frauen, für die das Sprechen über ihren Verlust Teil der Bewältigung ist. Ich weiß sehr gut, von welchen Gefühlen Meghan spricht. Allerdings will und kann ich bis heute kein Wort über meine eigene Trauer sagen.

Ganz gedankenlos und meist auch ungefragt bewerten Angehörige, Freunde, Nachbarn den Grund, die Länge und Intensität fremder Trauer und verletzen dabei sehr mit Kommentaren wie: »Sie war doch schon fünfundneunzig, als sie starb.« – »Es war ja bloß ein Hund!« – »Was? Du bist immer noch traurig? Es ist doch schon neun Monate her …«

Mögliche Reaktion auf diese wenig sensiblen Kommentare: »Nun guck doch nicht so unglücklich. Die statistische Lebenserwartung hatte deine Mutter längst überschritten.« Oder: »Sei nicht traurig, auf Tinder findest du im Nu einen neuen Partner. Und überhaupt, ihr wart ja erst drei Jahre zusammen, das war ja noch keine richtig lange Ehe.« Vielleicht würde das veranschaulichen, wie unsinnig derartige Bemerkungen sind. Aber natürlich tun wir so etwas nicht, sondern ziehen uns lieber schweigend zurück.

Die Art, wie wir mit Trauer umgehen, hat auch damit zu tun, in welchem Land wir leben.

In Mexiko zum Beispiel tanzen die Menschen auf den

Straßen. Das Fest am Día de Muertos, dem Tag der Toten, ist eine fröhliche Party mit Jahrmarktstimmung zu Ehren der Verblichenen. Schausteller bieten Totenköpfe aus Zuckerguss an ihren Ständen an – auf Wunsch auch verziert mit dem Namen des Verstorbenen –, und riesige bemalte Kunststoff-Totenköpfe schmücken die Straßen.

Wir Deutschen hüllen uns in schwarze Trauerkleidung, singen bei der Trauerfeier traurige Lieder, würgen beim Leichenschmaus trockenen Kuchen hinunter und meiden den Gedanken, dass der Tod auch bei uns irgendwann vorbeischaut. Im Buddhismus und Hinduismus hingegen ist die Wiedergeburt ein fester Bestandteil des Glaubens, und die Idee von einem Ende existiert gar nicht. Daneben gibt es Berichte von Ärzten, die klinisch tot waren oder einen Schlaganfall bewusst miterlebt haben und die davon berichten, wie der Tod sich angefühlt hat.

In einer Gesellschaft aber, in der Körperkult und ewige Jugend eine große Rolle spielen, scheint die Auseinandersetzung mit der Endlichkeit so unpassend wie eine Currywurstbude in einem Fitnesscenter. Zumindest in den größeren Städten. Auf dem Land, so scheint es mir, ist der Umgang mit dem Tod noch viel natürlicher. Stirbt dort ein Mensch, greift häufig eine traditionell bestehende und gut eingeübte Kette von Aufgabenverteilungen, Hilfestellungen, Bräuchen. Die Freundin meines ältesten Sohnes, die in einem bayerischen Dorf aufwuchs, erzählte mir: »Wir gehörten zu den Nachbarn der Familie eines verstorbenen Mädchens. Ganz selbstverständlich war mein Vater bei der Beerdigung zusammen mit weiteren Nachbarn für das Tragen des Sarges verantwortlich. Zuvor haben sie auch gemeinsam das Grab ausgehoben, ließen den Sarg hinab und schaufelten es auch gemeinsam wieder zu. Meine Mutter und einige andere Frauen kümmerten sich um den Blumenschmuck. Das Gewicht des Körpers im Sarg zu spüren, das wirkliche Begraben eines Menschen mit den eigenen Händen und die Nähe zu der Familie, die diesen Verlust erlitten hat, gingen meinem Vater sehr nahe. Aber diese praktische Auseinandersetzung, der wahrhaftige Umgang mit dem Tod, war für ihn auch eine besondere und heilsame Erfahrung.«

Auf dem Land werden die Toten meist nicht »versteckt« oder heimlich abtransportiert, wie es in Hamburg, Berlin oder Köln üblich ist. Früher war es ganz normal, dass ein Toter bis zur Beerdigung zu Hause blieb und Familie, Verwandte und Freunde sich zu ihm setzten. Sie beteten und berührten ihn und nahmen, jeder auf seine Weise, Abschied. Was aber bewirkt das Fehlen der Totenwachen, Leichenträger, der alten Riten und Gebräuche? Je mehr wir uns davon abwenden, desto mehr verdrängen wir die Normalität des Sterbens.

Warum neigen wir dazu, uns zum ersten Mal intensiv mit dem Tod zu beschäftigen, wenn er uns selbst betrifft, wir eine schwere Krankheit bekommen oder geliebte Menschen in unserem Umfeld unheilbar krank werden? Erst dann überrollt uns plötzlich, überraschend und sehr schmerzhaft die Erkenntnis, dass das Leben eben doch nicht endlos ist. In kaum eine andere Lebenssituation würden wir uns so unvorbereitet hineinbegeben. Wer würde beispielsweise erst am Morgen des Umzugs verzweifelt, hilflos und aufgelöst anfangen, nach einem Umzugsunternehmen zu googeln und

Kisten zu packen? Wir planen und organisieren unser Leben von der Taufe über Geburtstage und Jubiläen, doch wenn es um den Tod und unsere Beerdigung geht, erstarren wir.

Apropos Kisten packen … Särge darf man heute selbst anmalen. Oder auch ganz darauf verzichten. Viele Menschen entscheiden sich heute für anonyme Urnenbestattungen auf einem Gräberfeld, einer Almwiese, am Fuße eines Baumes oder lassen ihre Asche ins Meer streuen. Wer mag, kann sich aus einem Teil seiner Asche sogar einen Erinnerungsdiamanten pressen lassen. Und auf der Trauerfeier wird, je nach Geschmack des Verstorbenen, hin und wieder auch Popmusik gespielt.

Die Bestattungskultur hat sich geändert, entfernt sich von Kirche und Glauben, bietet Freiheit für den individuellen Umgang mit dem Tod. Aber Wünsche können nur erfüllt werden, wenn wir das Thema nicht umgehen.

Die Vermeidung des Unausweichlichen erinnert mich an das Spiel kleiner Kinder, die sich die Hände vor die Augen halten: Wenn ich nix sehe, sieht mich auch keiner. Viele verstecken sich hinter dem Schweigen, weil jede Begegnung mit Trauernden, jeder Gedanke an den Tod auch die eigenen Ängste hervorlockt. Aber welche genau sind das eigentlich? Ist es die Angst, vergessen zu werden? Das Unbehagen, sich mit Blick auf das Ende mit dem zurückliegenden Leben auseinanderzusetzen? Darauf zu schauen, wo man heute steht und was man sich anderes gewünscht hätte? Sorgt man sich um seine Hinterbliebenen? Oder sind es ganz konkrete Ängste vor dem Sterben und dem, was danach kommt?

Ist es denn überhaupt möglich, sich auf das Sterben wie auf einen Umzug vorzubereiten? Und wenn ja, wie tut man das?

Mein Nachbar, so schien es mir, hat es geschafft und war besser auf seinen Tod vorbereitet als seine Töchter und Freunde. Mit seinen Kindern und Enkeln lebte er ein harmonisches Familienleben. Da gab es nichts zu klären. Er hatte in der Vorbereitung auf sein Lebensende sein Haus aufgeräumt und einen Ordner angelegt, in dem Patientenverfügung, Kontovollmachten und Wünsche für Bestattung und Trauerfeier aufgeführt waren. Das gab seinen Angehörigen und vermutlich auch ihm selbst Ruhe und Sicherheit.

Viele Menschen aber haben nicht so viel Glück wie er. Sie leben mit sich und der Familie in Unfrieden. Sie leiden unter Ängsten, Versäumnissen und Schuldgefühlen, unter Verletzungen oder Streitereien. Als mein Vater die neunzig überschritten hatte, begann ich über seinen Tod und über unser gemeinsames Leben nachzudenken. Er war ein schwieriger Mensch. Wir lebten seit Jahrzehnten auf Distanz. Ich hatte das Bedürfnis, noch einmal mit ihm ins Gespräch zu kommen. Etwas zu erfahren über die Jahre im Krieg, die ihn sicher sehr geprägt hatten, über unsere gemeinsame Familienzeit und über Liebe, die so wenig spürbar war in all den Jahren. Mein Wunsch war, einen letzten Anlauf zu nehmen, um zu verstehen, womöglich verzeihen zu können und dann in Frieden loszulassen. Wir verabredeten uns, eine Weiche auf der Zielgeraden vielleicht. Aber bevor wir uns trafen, stürzte er, landete im Krankenhaus, starb innerhalb weniger Tage. Und ich blieb zurück mit der Traurigkeit und dem Gefühl, dass ich zu spät dran gewesen war mit dem Abschied.

Die Vorbereitung auf das Lebensende und die Auseinandersetzung mit dem Tod sind für viele Menschen eine Herausforderung. Ich vergleiche den Prozess gern mit einem Umzug: Natürlich sind das Aussortieren und Entrümpeln vorher anstrengend. Aber wenn man eine neue Wohnung beziehen möchte, gehört es nun mal dazu – und es lohnt sich.

Der Sterbeforscher Bernhard Jakoby beschäftigt sich seit vierzig Jahren mit den Vorgängen rund um den Tod, mit der Loslösung der Seele vom Körper, mit postmortaler Bewusstseinserweiterung, der Auflösung von Zeit und Raum und dem Erleben grenzenloser Liebe. Es gibt inzwischen Millionen Menschen, die nach Hirn- und Herztod wiederbelebt wurden. In Interviews berichten sie von ihren persönlichen und ganz wunderbaren Nahtoderlebnissen. Würde es nicht guttun, sich mit Familie und Freunden in vertrauter Runde über solche Themen auszutauschen? Man könnte offen über Sorgen und Ängste vor dem eigenen Tod sprechen, Wünsche und Hoffnungen teilen und auch die Last der Trauer.

Jüngere Kinder sind im Umgang mit dem Tod oft unkomplizierter und aufgeschlossener. Sie sind einfach neugierig. Als meine Schwester vielleicht fünf Jahre alt war, besuchte unsere Oma uns für ein Wochenende in unserem kleinen Ferienhaus an der Ostsee. Mutter, Vater, Oma, meine Schwestern und ich saßen zusammen beim Frühstück. Meine kleine Schwester schaufelte sich mit Lätzchen um den Hals fröhlich ihre Cornflakes in den Mund. Dann wandte sie sich meiner Mutter zu und fragte ganz unvermittelt: »Was passiert eigentlich, wenn Oma ins Gras beißt?«

Alle starrten meine Schwester an.

Wir kennen jede Menge Phrasen, um die tödliche Wahrheit in Watte zu packen. Die meisten davon empfinde ich allerdings als wenig geglückt, viele gar als verwirrend: »Sie ruht in Frieden.« So etwa fühle ich mich regelmäßig, wenn Kinder samt Hund aus dem Haus sind und ich endlich mal ein halbes Stündchen ganz für mich auf dem Sofa ausruhen kann, von dem ich mich dann allerdings quicklebendig wieder erhebe.

Oder: »Er hat seinen Vater verloren.« Da wäre der natürliche Impuls doch, sich so schnell wie möglich auf die Suche zu machen, oder?

Weitere Beispiele von meiner Sterbe-Euphemismen-Hitliste: »Er hat seinen letzten Kampf gekämpft«, ist »zu neuen Weidegründen aufgebrochen«, »heimgegangen«, »hat sein letztes Vaterunser gebetet«, »die irdische Hülle abgestreift«, ist »hops« oder »koppheister« gegangen, wurde »von allen Übeln erlöst« – oder hat einfach »den Löffel abgegeben«. Ein Sprichwort übrigens aus früheren Zeiten, als eine Schüssel mit Brei in der Mitte des Tisches stand und die Familie, jeder mit seinem Löffel, daraus aß. Ein Brauch, bei dem mein Löffel schon nach wenigen Tagen als Erinnerung an die Verhungerte die Wand schmücken würde, weil ich als Mutter von vier immer hungrigen Vielfraßen keinen einzigen Bissen abgekriegt hätte.

Jedenfalls glaube ich, meiner Oma wäre damals das Gebiss in den Kaffee gefallen vor Lachen, wenn meine Schwester gefragt hätte: »Wann reist Oma an einen besseren Ort?« Dennoch hatte sie sich mit ihren ungeschickt gewählten Worten dummerweise ihr »eigenes Grab« geschaufelt. Mein Vater strafte sie mit einem Blick, der ihr die Tränen in die Augen trieb. Gleichzeitig bekam meine Mutter diese roten Flecken am Hals, die sich jedes Mal in Sekunden ausbreiteten, sobald sie in Stress geriet. Nur unsere Oma lächelte amüsiert. Aber bevor sie zu einer Erklärung ansetzen konnte, wurde meine kleine Schwester mit den Worten »Das sagt man nicht!« aus dem Raum geschickt.

Wäre es wirklich so schlimm gewesen, ihre Frage aufzugreifen und vor allem zu beantworten? Wir hätten beispielsweise nachhaken können, woher sie den Ausdruck kannte und warum der Tod sie im Moment beschäftigte. Meine Eltern hätten ihr auch ganz ehrlich erklären können, dass die Körper toter Menschen verbrannt oder beerdigt werden, unsere Oma sich aber eine Seebestattung wünschte, hier in der Ostsee, weil die Ferien mit der Familie immer so schön waren. Und dann hätten wir über die Idee sprechen können, eine Feier zu Ehren der Großmutter zu veranstalten, auf der es für alle Biskuitrolle satt gäbe, weil das ihr Lieblingskuchen war. Und dabei würden wir Erinnerungen austauschen über all das, was wir mit der Oma erlebt hatten, all die schönen und lustigen Momente, würden weinen, weil wir sie so vermissten, und lachen vor Glück, dass wir sie gehabt hatten. Noch heute bin ich traurig, weil ich nicht weiß, was meine Oma damals sagen wollte. Vielleicht hätte sie meine Schwester auf den Schoß genommen und gesagt: »Nun hab mal keine Sorge, meen lütte Deern. Ich habe ja auch keine Angst vor dem Sterben. Weißt du, wenn die Knochen alt und müde werden, bin ich im Himmel ganz gut aufgehoben. Und von dort oben werde ich immer auf dich herabschauen.« Vielleicht hätte so ein offenes Gespräch meiner Schwester ein wenig die Angst genommen. Auf jeden Fall hätte sie sich besser gefühlt, als mit ihrer Frage und ihren Ängsten vor die Tür geschickt und allein gelassen zu werden.

Ob es uns nun gefällt, oder nicht – früher oder später beißen wir alle ins Gras. Und obwohl Gedanken an das Sterben und den Tod natürlich nicht unbedingt fröhlich sind, kann es auch eine große Bereicherung für das eigene Leben sein, die Zielgerade immer im Auge zu behalten. Es hilft uns, den Blick auf das Wesentliche zu schulen. Das tue ich jetzt in meinen Fünfzigern mehr als früher und genieße mein Leben, die Momente mit der Familie und den Kindern intensiv und voller Dankbarkeit.

Apropos Kinder: Ab und zu sprechen wir über den Tod – als eine Art Desensibilisierungstherapie sozusagen. Ich erzähle ihnen die Geschichte von meiner Großmutter, die angesichts des »Grasbeißens« gar nicht so traurig war. Und ich gebe schon mal »Anweisungen« für meine Abschiedsparty. Das ist mir nämlich mindestens genauso wichtig wie die Regelung der bürokratischen To-dos wie Patientenverfügung und Vorsorgevollmacht, um die Verantwortung nicht auf meine Kinder abzuwälzen. Klartext sind meine Jungs ja gewöhnt: »Wehe, ihr esst trockenen Butterkuchen oder andere sonderbare Speisen, die noch nie jemandem aus der Familie geschmeckt haben. Ich möchte, dass ihr die leckersten Weine und kulinarische Köstlichkeiten auffahrt, skurrile und lustige Geschichten und wunderbare Erinnerungen austauscht. So werde ich immer in eurer Mitte bleiben. Denn klar ist: Der Tod ist auf keinen Fall das Ende der Liebe.« Und das ist ein ganz wunderbarer Gedanke.

Dabei spüre ich einen kleinen Kloß im Hals. Nicht aus Traurigkeit über mein Ableben, sondern weil ich wieder einmal überrollt werde von dieser großen Liebe zu meinen Jungs und der Dankbarkeit, dass es sie gibt. Und ich sehe in ihren Blicken, dass sie alles verstehen. »Ich ziehe hier in die Wohnung«, sagt Johann grinsend. »Nur, wenn ich dann den Oldtimer kriege«, verhandelt Jonah. »Ihr seid so schlimm!«, unterbreche ich sie kopfschüttelnd. Und dann lachen wir alle, denn eine gute Portion schwarzer Humor hilft über die Angst vor dem Unaussprechlichen hinweg.

Und was das In-der-Mitte-Bleiben betrifft: Die Idee, mich als funkelnden Diamanten zu verewigen, gefällt mir schon sehr. Nur, wenn meine Söhne später auch in so einem fröhlichen Familienchaos leben, wie wir es heute tun, ist die Gefahr groß, dass ich versehentlich im Altpapiercontainer lande oder beim Füttern in den Fressnapf rutsche und vom Hund verschluckt werde. Trotzdem: Ich packe das Thema mal mit auf die Liste für das nächste Familienfrühstück.

8

Germanys next Topmutti oder doch eher Erziehungsversagerin?

Kiffen, Klauen, Klausur verhauen: Während bei uns
wieder mal die Bude brennt, scheinen andere Familien
nur Sonntagskinder zu haben. Stehen wir Eltern
im permanenten Erziehungswettbewerb?
Und ist es tabu, über Probleme mit den Kids
zu sprechen?

Besorgt sah ich auf die Uhr. Es war bereits halb vier. Der damals zwölfjährige Jonah war noch immer nicht zu Hause, obwohl die Schule längst zu Ende war. Das Mutter-Sorgen-Kopfkino lief langsam heiß, spielte in Sekunden Szenarien vom Fahrradunfall bis zur Entführung durch. Zum Glück unterbrach das Klingeln an der Haustür den ausgemalten Horror. Da stand mein Sohn, lebendig und unversehrt. Aber in Begleitung eines Polizisten.

»Sind Sie die Mutter?«, fragte mich der Beamte mit einem Blick, der mich ahnen ließ, dass es gerade angenehmer sein könnte, diese Frage zu verneinen. In meinem Schreck nickte ich einfach nur. »Ihr Sohn ist im Supermarkt beim Klauen erwischt worden. Eine Packung Kaugummi und ein Tintenroller. Ich werde Ihre Personalien aufnehmen und muss dann ein Diversionsverfahren einleiten«, fuhr er fort.

»Und was bedeutet das jetzt genau?«, fragte ich den Polizisten.

»Ein Diversionsverfahren ist ein besonderes Verfahren, das wir bei Kindern und Jugendlichen anwenden. Der Staatsanwalt entscheidet dann je nach Schwere des Vergehens«, er sah den Diebstahl-Debütanten ernst an, »ob das Verfahren eingestellt wird.«

Jonah schoss das Blut ins Gesicht. Er guckte mich an wie unser Hund Carlo, den ich am Vortag dabei erwischt hatte, wie er den gesamten Gulaschtopf geleert hatte, der auf der Terrasse hatte abkühlen sollen.

Jonah sah sich wahrscheinlich schon im Jugendknast, während ich ahnte, dass das bürokratische Vorgehen eher als abschreckende Verwarnung gedacht war.

Kaum hatte sich der Polizist verabschiedet, versuchte mein Sohn, die Treppe hinauf und in sein Zimmer zu flüchten. Gerade erwischte ich ihn noch an der Kapuze seines Hoodies. »Und? Was sollte dieser Megaquatsch? Was hast du dir dabei gedacht?«, fragte ich ihn. Dabei konnte ich mir die Gründe sehr gut vorstellen. Als Teenager hatte ich bei Coop mal eine Wimperntusche mitgehen lassen. Es war eine Mutprobe gewesen, die ich nie vergessen habe.

Wir waren zu viert. Jeder sollte ein Teil klauen: Peer steckte eine Schachtel Zigaretten ein, Beate einen Lippenstift, Sabine eine Tafel Schokolade und ich eben meine goldglänzende, als wasserfest beworbene »Wunder-Wimpern«-Mascara. Damals wäre ich vor Angst und Aufregung fast gestorben. Trotzdem wollte ich es machen. Warum? Weil es ein Nervenkitzel war, weil ich mich cool und stark fühlte. Weil ich in der Gruppe ausprobieren wollte, wie es sich anfühlte. Aber diese Erfahrung behielt ich aus pädagogischen Gründen für mich.

»Ich war mit Tobias im Einkaufszentrum. Und dann – ich weiß auch nicht – wollten wir das einfach machen«, antwortete mein Sohn wie erwartet. Ich ersparte ihm eine moralische Abhandlung. Denn natürlich wusste Jonah ebenso wie ich, als ich die Wimperntusche in der Hosentasche verschwinden ließ, dass man nicht klaut und andere Menschen betrügt, warum man das nicht macht, welchen Schaden man anrichtet et cetera. Stattdessen fuhren wir zusammen am Nachmittag ins Einkaufszentrum. Und während ich draußen wartete, musste Jonah sich beim Filialleiter entschuldigen.

Eine Woche später erzählte ich lachend beim Elternstammtisch von dem Erlebnis. »Irgendwie gehören Klauen und Alkoholexzesse wohl zum Großwerden dazu, oder wie ist das bei euch?«

Außer mir lachte niemand.

»Also, meine Anne-Kathrin würde niemals einen Diebstahl begehen. Klaus und mir war es von Anfang an sehr wichtig, unserer Tochter moralische Werte zu vermitteln.«

Die anderen Mütter nickten zustimmend. »Klauen – nein, so etwas gibt es in unserer Familie nicht«, war die einstimmige Meinung.

»Und Alkohol ist auch tabu bei uns«, betonte Johanna. »Unser Sebastian trinkt sogar auf Partys nur Cola.«

Ich war total perplex. Erstens: Soweit ich mich erinnerte, war es Johannas braver Sebastian gewesen, der vor ein paar

Wochen auf einer Party meiner Jungs Alkohol eingeschmuggelt und nach diversen Gin-Tonics meinen Wäschekorb missbraucht hatte. Und zweitens: Warum guckten die anderen Mütter mich gerade an, als packte ich meinen Jungs morgens statt Pausenbrot einen Flachmann in die Schultasche und vermittelte ihnen täglich beim Zähneputzen: So ein klein bisschen kriminell sein macht ja nix …?

Das tue ich natürlich nicht. Aber hallo! Jugendliche haben eigene Ideen, wollen sich ausprobieren, die Welt entdecken und Fehler machen. Und natürlich geraten sie dabei ab und zu aus der Spur und fallen auf die Nase. Ich dachte eigentlich, das sei ganz normal, und alle Eltern würden ähnliche Erfahrungen machen. Ich hatte offen von dem Supermarkt-Diebstahl erzählt, um mich auszutauschen. Um zu hören, was die anderen Mütter schon für verrückte Sachen erlebt hatten und wie sie mit ihren über die Stränge schlagenden Kindern umgegangen waren. Hatten die Frauen in dieser Runde vielleicht ihre eigenen Jugendsünden von der Festplatte gelöscht? Vergessen oder verdrängt, welchen Unsinn sie verzapft hatten? Mir fielen da jedenfalls spontan noch andere fragwürdige Pubertätsaktivitäten ein: Rumknutschen beim Flaschendrehen, heimliches Abseilen aus dem ersten Stock, um auf die verbotene Party zu gehen, eine unschön endende Wodka-Apfelsaft-Orgie und auch die eine oder andere geschwänzte Schulstunde. Aber in dieser Elternstammtisch-Runde war mir die Lust vergangen, davon zu erzählen. Nach der Reaktion der anderen auf meine Offenbarung fühlte ich mich auf einen Schlag wie die Erziehungsversagerin der Woche. Da hatte ich mit meiner Erzählung offenbar ein Tabu gebrochen. Aber warum?

Wie gesagt: Ich bin nicht nur vierfache Mutter, sondern auch stolze Besitzerin eines wunderbaren Jagdhundes. Auf der Wiese an der Elbe stehen wir Gassigeher gern einträchtig im Kreis, reden über das Hundeleben im Allgemeinen und thematisieren ohne jegliche Scham Erziehungsschwierigkeiten: Mein überwiegend folgsamer Carlo etwa klaut auch nach fünf Jahren Erziehung immer noch Lebensmittel, wo immer er im Haus fündig wird. Hasso, der fröhliche und familienfreundliche Retriever, zieht so an der Leine, dass Frauchen schon Schulterprobleme hat. Terrier Schulze springt als wahrer Freiheitsfanatiker regelmäßig über den Gartenzaun und geht stiften. Und Dackeldame Blümchen lässt sich nicht davon abbringen, nach dem Bein des Briefträgers zu schnappen.

Wir tauschen Tipps und Tricks bei Problemverhalten aus und ziehen dann fröhlich weiter in der Gewissheit: Auch Nachbars Fiffi gehorcht nicht wie ein Polizeihund.

Warum wird ein Fehlverhalten bei Hunden leichter geteilt und meist belächelt? Vielleicht, weil es sich weniger so anfühlt, als wären Frauchen oder Herrchen persönlich für das Briefträger-Schnappen haftbar zu machen. Drei Fünfen im Zeugnis, Alkoholexzesse am Wochenende, Aufnahmeprüfung zur Uni nicht bestanden? Das zuzugeben, fühlt sich schon viel eher an wie eine persönliche Bankrotterklärung: »Ich bin eins zu eins dafür verantwortlich, wie mein Kind sich verhält, das hat nichts mit seinem Charakter zu tun.«

Dass der Jagdhund es nicht lassen kann, dem Karnickel hinterherzujagen: geschenkt.

Es scheint, dass jeder Kindermist gleich als massive Attacke auf den Selbststolz empfunden wird. Sollten die Kinder also mal nicht so funktionieren, wie man sich das vorgestellt hat, behält man das bitte schön für sich.

Wir leben in einer Welt, die sich gefühlt immer schneller dreht, und in einer Gesellschaft, in der Leistung und Erfolg im Mittelpunkt stehen. Und das Verrückte daran: Bewusst oder unbewusst lassen wir uns mit in den Perfektionsstrudel ziehen und strampeln uns ganz schön ab. Klar ist, dass wir uns dabei gern mit anderen vergleichen, um uns und unsere Leistung in der Gesellschaft einzuordnen.

Ich erinnere mich an einen sehr erfolgreichen Werbespot der Sparkasse aus den Neunzigern, der diese Dynamik sehr anschaulich und herrlich überzogen darstellt: Zwei alte Schulfreunde treffen sich nach vielen Jahren in einem Restaurant. Auf die Frage »Wie geht's?«, greift der Erste sogleich in die Innentasche seines Sakkos und wirft dem Freund mit den Worten »Mein Haus, mein Auto, mein Boot« ein paar Fotos auf den Tisch. Als zöge er seinen Revolver, knallt daraufhin auch der zweite Mann eine Handvoll Bilder auf den Tisch, die seinen Wohlstand demonstrieren. Die Männer erinnern mich spontan an eine Begegnung von zwei Silberrücken im Urwald, die ich auf einer Reise erleben durfte. Die dominanten Gorilla-Chefs fixierten den Gegner, richteten sich zu ihrer imposanten Größe auf und trommelten sich im Kampf um ihre Rangstellung in beeindruckendem Imponiergehabe auf die Brust.

Während Männer sich trotz aller Gleichberechtigungsbemühungen noch immer eher über ihre berufliche Karriere definieren, ist für die erfolgreiche Erziehung des »gelungenen« Kindes weiterhin die Mutter zuständig oder fühlt sich dafür verantwortlich. Obgleich vor ein paar Jahren dieselbe Werbeagentur den Sparkassen-Werbefilm neu auflegte, um auf den Gendergap aufmerksam zu machen, diesmal mit einer Frau, die mit Fotos ihres Erfolgs den männlichen Widersacher in die Schranken weist – die Realität sieht anders aus. Selbst wenn mit der Geburt die beruflichen Ambitionen nicht allesamt in der Schublade verschwinden, werden die Kinder oft zum persönlichen (Zweit-)Projekt. Aber anders als im Job gibt es für diese Herausforderung leider weder eine Ausbildung noch einen Studiengang. Und auch keine Projektmanagement- und Teamverwaltungs-Software, bei der man von einem über dem Bildschirm huschenden Einhorn dafür belohnt wird, dass man eine Aufgabe erledigt hat.

Also guckt die kluge Frau nach links und rechts und beobachtet, wie die Geschlechtsgenossinnen das so machen. Eine gute Idee. Denn grundsätzlich ist es ja nicht verkehrt, sich von anderen inspirieren zu lassen, die vielleicht schon etwas Erfahrung gesammelt haben. Und davon gibt es rund um das Thema Kinder mehr als genug. Vom Geburtsvorbereitungskurs über Rückbildungsgymnastik, Babyturnen und -schwimmen bis hin zu Kindergarten und Schule sind wir jedoch immer wieder auch von Müttern umgeben, die viel und manchmal sogar alles besser wissen. Statt hilfreicher Tipps wie auf der Hundewiese nach dem Motto »Mein Hund hat auch jahrelang Essen geklaut. Versuch doch mal, mit der Wasserpistole auf den Dieb zu schießen«, zielen Frauen gern mit scharfen Bemerkungen aufeinander. Oder sie präsentieren sich gegenseitig mit zuckersüßer Stimme und blumigen

Worten ihre Scheinwelten: »Schau mal, wie perfekt ich bin.«
Vielleicht auch, um sich selbst zu beweisen, wie professionell sie ihr Mutterhandwerk beherrschen. Und das beginnt keinesfalls erst, wenn das Baby im Arm liegt, sondern bereits kurz nach der Zeugung. In naiver Glückseligkeit taumelte ich damals mit verklärtem Blick durch die ersten Schwangerschaftswochen, bis ich einen Wassergymnastik-Kurs für Schwangere besuchte. Nachdem wir uns dreißig Minuten im Becken vergnügt hatten, salbte Agnes in der Umkleidekabine ausgiebig ihren gewölbten Bauch, während ich mich zügig trocken rubbelte, weil ich noch einige Besorgungen zu machen hatte. Sie stellte ihre Ölflasche auf die Bank und musterte mich kritisch. »Wieso hast du denn im fünften Monat schon so viele Risse in der Haut? Cremst du vielleicht nicht genug?« Ein Rat-Schlag, der mich völlig überraschend in meinen geliebten Schwangerschaftsbauch traf. Fassungslos starrte ich Agnes an, die mir einen Vortrag hielt, wie oft und womit ich meine Haut bearbeiten sollte. Mit flötender Stimme fügte sie hinzu:» Ich finde, wir Mütter sollten zusammenhalten.«

Auch die Geburt meines Babys blieb im Rückbildungskurs nicht unkommentiert: »Was? Zwölf Stunden in den Wehen? Mein Max war schon nach neunzig Minuten da.«

Ich war irritiert. Frauensolidarität hatte und hat einen großen Stellenwert für mich, und ich war ansonsten umgeben von Freundinnen, mit denen ich Sorgen, Liebes- und Lebensprobleme teilen konnte. Nun traf ich plötzlich auf Frauen, die anscheinend in einen »Wer ist die beste Mutter«-Wettbewerb mit mir treten wollten.

Justus litt unter Dreimonatskoliken und weinte in den ersten Wochen viel. Die Reaktion einer Mitturnerin im Rückbildungskurs: »Ein Schreikind? Das muss ja furchtbar für dich sein. Vielleicht ist irgendwas nicht in Ordnung mit deiner Milch? Unser Goldschatz lacht den ganzen Tag und schläft seit der zweiten Woche durch.« Später folgten Sätze wie: »Immer noch die Milchflasche? Tobias trinkt seit Monaten aus dem Becher.« Oder: »Du hast Justus nicht in einem Kindergarten angemeldet? Dann wird es wohl langsam eng mit einem Platz in einer guten Kita.« Zu diesem Zeitpunkt war mein Sohn gerade sechs Monate alt... Alle Aussagen signalisierten subtil: Irgendwas läuft komplett schief bei euch. Da machst du wohl einige Fehler als Mutter.

Klar sind wir stolz auf unsere Kinder, halten sie für die schönsten, klügsten, begabtesten Sprösslinge unter der Sonne. »Gluckenverblendung« nenne ich gern diesen natürlichen Realitätsverlust von Müttern. Ich selbst leide unter einer sehr chronischen Form dieses pathologischen Zustands. Als ich neulich zum achtzehnten Geburtstag von Sohn Nummer drei ein paar Fotos aus der Kiste kramte, stieß ich auf ein besonders knuddeliges Kleinkind-Foto von Sohn Nummer zwei auf einem Pony. Ich zeigte sie Sohn Nummer vier und erwartete auch von ihm spontane Begeisterung. Sein einziger Kommentar: »Ups. Der war ja damals genauso dick wie das Pony.«

So direkt hatte sich meine Freundin Sabine neulich nicht ausgedrückt, als ich ihr ein Babyalbum zeigte. Aber im Nachhinein betrachtet, hielten sich ihre Kommentare zur einzigartigen Schönheit meines Sohnes in dieser Phase doch sehr in Grenzen. Zum Running Gag bezüglich Gluckenverblendung wurde indessen die Aussage der Schwiegermutter meiner Freundin Cora, die ihr bei jedem Besuch versichert: »Du hast ja so ein Glück gehabt mit meinem Sohn!«

Aber wenn ich ehrlich bin, unterscheide ich mich von ihr eigentlich nur in der Hinsicht, dass ich ähnliche Gefühle nicht ausspreche. Denn ich weiß, wie anstrengend es sein kann, wenn die vermeintliche Genialität des eigenen Kindes bei jeder Gelegenheit anderen Menschen gegenüber gepriesen wird. Ich erinnere mich an einen Elternabend in der Grundschule. Wie üblich wurden Lehrer, Stundenplan und Lerninhalte für das kommende Jahr vorgestellt. Dann gab es Zeit für Fragen dazu.

»Ich mache mir Sorgen, dass unsere Anna in Deutsch unterfordert sein könnte. Sie ist nämlich ein besonderes Mädchen und hat sich schon im Kindergarten selbst Schreiben beigebracht.«

»Bei unserem Paul geht es mit Mathe so. Ich fürchte, er könnte im normalen Unterricht schnell gelangweilt sein.« Davon angestachelt, meldeten sich weitere Eltern, um die Einzigartigkeit ihres hochbegabten Kindes anzupreisen. Das Ganze gipfelte in der Frage, ob der Lehrer auch gehört habe, dass Universitäten in China die besten seien. In der zweiten Klasse! Nach fünfzehn Minuten konnte ich das Wetteifern nicht mehr ertragen und meldete mich zu Wort: »Mein Sohn ist eher durchschnittlich intelligent. Da gibt es Gott sei Dank wohl keine Probleme im Unterricht.« Amüsiert betrachtete ich die entsetzten Blicke. Nur der Lehrer blinzelte mir verschwörerisch zu.

Mutieren unsere Kinder im Mutter-Konkurrenzwahn zu

Statussymbolen? In den Neunzigern hieß es: »Mein Haus, mein Auto, mein Boot.« Und heute? Da müsste der Sparkassen-Slogan vielleicht lauten: »Mein Haus, mein Auto, mein hochbegabtes Kind.«

Ein paar Tage nach dem Elternabend und nach einer Woche, in der bei uns mal wieder alles drunter und drüber gegangen war, besuchte ich meine Nachbarin Ingrid, um mich bei einem Kaffee über den Irrsinn im Mutteralltag auszutauschen.

»Und, wie läuft es bei dir mit den Kindern?«, begann ich das Gespräch.

Sie drückte auf den Latte-Macchiato-Knopf ihrer Kaffeemaschine und lächelte selig. »Wunderbar! Moritz verdient sich sein Taschengeld als Nachhilfelehrer und bewirbt sich für ein Studienstipendium, die Sana hat auch gerade ein super Zeugnis abgeliefert, verbringt die Freizeit mit Lernen und Sport. Und das Schönste: Die beiden vertragen sich wie eineiige Zwillinge. Gestern haben sie mich sogar mit einem Frühstück am Bett überrascht. Und bei dir? Alles in Ordnung mit deinen vier Jungs?«

Ich verstummte. Die ehrliche Antwort hätte gelautet: »Nein! Überhaupt nicht. Ganz im Gegenteil, alles gerade verdammt anstrengend.« Aber puh! Wie sollte ich nach Ingrids schillerndem Familienmärchen noch ehrlich von meiner Woche erzählen, die damit angefangen hatte, dass Sohn Nummer vier für drei Tage vom Unterricht suspendiert worden war? Weiter ging es damit, dass die Noten von Sohn Nummer drei kurz vor der Versetzung mal wieder im roten Bereich waren, ich vier Stunden im Kinderkrankenhaus in der Notaufnahme gesessen hatte, weil die Jungs sich geprügelt und dabei den Heizkörper übersehen hatten. Ach, und Sohn Nummer eins hatte ich Samstagnacht auf der Davidswache abgeholt. Die Polizei hatte ihn mit gefälschtem Ausweis aus einer Bar gefischt.

»Bei uns ist eigentlich alles wie immer«, antwortete ich. Und das entsprach der Wahrheit. Mein Leben mit den Jungs lief, seit ich sie aus dem Kreißsaal getragen hatte, mal glatt und easy, mal chaotisch und anstrengend.

Was ich mir tatsächlich von Ingrid gewünscht hätte, wäre ein offenes Gespräch gewesen: mit Raum für die Herausforderungen und Sorgen des Erziehungsalltags. Gern hätte ich meine Mutterbatterien bei so einem authentischen Austausch wieder aufgeladen. Das lächelnd geflötete »Bei uns ist alles wunderbar« ließ mich mit meinen Sorgen abprallen wie ein Ball, der gegen die Wand gespielt wird. Für mich, die Mutter, die gerade mitten in Erziehungsturbulenzen steckte, fühlte es sich an wie ein Dolchstoß. Gesagt habe ich das nicht. Mir fehlte die Kraft. Doch würde es nicht helfen, sich über den ganz normalen Kinderwahnsinn auszutauschen, statt zu konkurrieren?

»Solidarität unter Frauen? Vergiss es!«, sagt Cornelie Kister in ihrem Buch *Mütter, euer Feind ist weiblich! Wie Mütter sich gegenseitig das Leben zur Hölle machen.* Sie entlarvt die herzliche Solidargemeinschaft von Frauen als trügerischen Schein, hinter dem Konkurrenz, Argwohn, Wettstreit und Missgunst lauern. »Alles bleibt verborgen hinter einer Mauer des Schweigens, hinter wohlgehüteten Tabus, von denen eins lautet, dass keine Mutter ehrlich sagen darf, wie sie die Mutterschaft erlebt.«

Folgen Sie Müttern in den sozialen Medien? Da sind diese stylishen Fotos auf Instagram, mit denen sich täglich Millionen perfekter Mütter präsentieren. Gemeinsam mit braven Kindern in Designer-Klamotten und in geschmackvoll eingerichteten Räumen, mit dem glücklich lächelnden Partner an der Seite, als Familie beim harmonischen Wochenendausflug und irgendwo dazwischen: ein wohlerzogener Hund. Es sind Momentaufnahmen, die bestimmt nicht den Alltag widerspiegeln. Doch wie leicht vergisst man das als frisch gebackene und auch später noch manchmal überforderte Mutter?

Meine Erfahrung ist: Kinder, Partnerschaft und Familie sind unberechenbare Abenteuer, auf die wir uns aus Liebe einlassen und an denen wir wachsen. Keine von uns hat als Erziehungsprofi den Kreißsaal verlassen. Wir üben und lernen aus unseren Fehlern. Und aus denen anderer Eltern. Mich hat diese Erkenntnis dazu gebracht, aus der Not eine Tugend zu machen: Ich habe viele Jahre in Elternzeitschriften Glossen über das pralle Familienleben geschrieben und meine missglückten Erziehungsversuche auf die Schippe genommen. Wäre ich heute eine junge Mutter, dann würde ich überlegen, die sozialen Medien zu nutzen, um auch mal das *echte* Leben abzubilden. Und wenn mehr Frauen das tun würden? Dann gäbe es statt »Wir-sind-so-perfekt-Fotos« auch mal Bilder von schreienden Kindern, verwüsteten Teenagerzimmern, Geschirrstapeln, heulenden Müttern mit verschmierter Wimperntusche und Flecken auf der Bluse. Und hinter den sieben Wäschebergen säße eine Mama mit ihren Zwergen, lächelte und fühlte, was Michael Jackson singt: *»You are not alone…«*

Übrigens: Am Abend des Tages, an dem ich den Begriff »Diversionsverfahren« kennengelernt hatte, kam Jonah vor dem Ins-Bett-Gehen noch einmal zu mir. »Es tut mir leid. Ich glaube, das war eine total bescheuerte Idee mit dem Klauen. Das mache ich bestimmt nicht wieder.«

Ich nahm ihn in den Arm und dachte: Toller Junge. Und: Wohl doch vieles richtig gemacht, Mama!

Tja, und dann saß ich neulich mal wieder mit allen vier Jungs und einem leckeren Snackteller vor dem Fernseher. Als wir eine Sekunde nicht aufmerksam waren, krabbelte Carlo unter dem Couchtisch hervor. Blitzschnell schnappte er sich ein Brot mit Leberwurst vom Teller. Weder die Wasserpistole noch der Tabasco-Trick hatten bei ihm geholfen. Trotzdem ist er ein wunderbarer Hund. Ich werde mein »Erziehungsproblem« morgen an der Elbe in die Runde werfen. Bestimmt zaubert eines meiner Mitfrauchen noch einen Tipp aus der Tasche. Ich gebe jedenfalls die Hoffnung auf Sonne nicht auf, nur weil es zwei Mal hintereinander geregnet hat.

9

Mitten unter uns – Wie Gewalt uns sprachlos macht

Verstörend: Schläge hinter geschlossener Tür gehören zum Alltag in Deutschland. Viele Opfer schweigen aus Scham, fühlen sich aber gleichzeitig alleingelassen. Beobachter sind oft unsicher, zögern, sich einzumischen. Aber sind Gehirnerschütterungen und blaue Flecken wirklich Privatsache?

»Die Füße fest auf den Balken und gut festhalten.« Henri, ein Freund der Familie und eingefleischter Kreeker, gab mir die letzten Anweisungen vor dem Start.

Die Morgensonne spiegelte sich auf der Eisfläche am Steilhang. Über die kahlen Laubbäume hinweg konnte ich bis hinunter zur Elbe sehen. Es war später Vormittag. Vor dem Eingang zum Schinckels Park in Blankenese stapelten sich die schweren, holzkistenartigen Kreeken – einzigartige, ziemlich flache und handgefertigte Rennschlitten der Blankeneser Segler. Um die Kreeken herum und kreuz und quer im Park lagen meterlange dünne, astlose Baumstämme. Dazwischen lief geschäftig ein Dutzend Männer und Frauen umher. Sie wischten Sitzflächen trocken, überprüften die Zugbänder an den Schlittenkisten und positionierten die Stämme. Am Rand der Wiese hatten sich Zuschauer versammelt, um das einzigartige Spektakel zu erleben. Auch mein damaliger Mann und unsere beiden Söhne standen hinter dem Zaun an der Piste, um mich bei meinem mutigen Vorhaben zu bewundern.

»Bereit?«, fragte Henri. Dann, auf mein Nicken hin, setzte er sich hinter mich und klemmte sich den sechs Meter langen Stamm, der die Rennkiste steuern sollte, fest unter den rechten Arm. »Warschau!«, rief er mit Abenteuerlust in der Stimme. Das war der Startruf der Kreekergemeinschaft. Und los ging es! In wenigen Sekunden beschleunigte der Schlitten und sauste mit über siebzig Stundenkilometern den Abhang hinunter Richtung Elbe. Nach drei Sekunden wurde mir klar, dass es eine absolute Schnapsidee gewesen war, eine Reportage über diesen besonderen Rodelspaß zu schreiben. Die Fahrt mit dem Hochgeschwindigkeits-Geschoss hatte so wenig mit gewöhnlichem Schlittenfahren zu tun wie Schneeschuhwandern mit Skispringen. Panisch krallte ich mich mit beiden Händen am Schlittenrand fest. Die Gesichter der Zuschauer flogen an meinem Sichtfeld vorbei. Die Kufen donnerten über den betonharten Boden, und der Schlitten raste auf eine Schwelle zu, die wie eine Sprungschanze aussah. Das Letzte, was ich bei vollem Bewusstsein hörte, war das Raunen der Zuschauer, als wir im Affentempo über die Sprungschanze flogen. Dann wurde es dunkel.

Ein paar Minuten später torkelte ich, gestützt von Henri, Richtung Krankenwagen. Henri erzählte mir völlig aufgelöst etwas von »verlenkt« und »noch nie zuvor gestürzt«. Zwanzig Minuten später lag ich in der Notaufnahme des Altonaer

Krankenhauses. Ich hatte Glück im Unglück gehabt. So ein Sturz mit siebzig Sachen und ohne Helm auf einer gefrorenen Piste hätte schlimmer ausgehen können. Mit ein paar Stichen über der Augenbraue, einer leichten Gehirnerschütterung und einem Schock wurde ich entlassen.

Ich sah aus, als hätte ich einen Boxkampf in der neunten Runde verloren. Außer der genähten Platzwunde hatte ich ein blaues Auge, und mein Gesicht war nicht nur heftig geschwollen, sondern hatte mehrere rot-violette Blutergüsse.

»Sag bitte jedem, dass ich damit nichts zu tun habe«, bat mich mein Ehemann damals. Ich lachte über seine Worte, weil ich den Gedanken so absurd fand.

Wie naiv das war, merkte ich in den nächsten Wochen. Mit zerbeultem, blau, grün und gelb angelaufenem Gesicht lief ich durch unseren Stadtteil. Aber weder auf der Straße noch in der Bahn oder beim Einkaufen fragte mich jemand, was mit meinem Gesicht passiert war. Mitleidig beschämte Blicke, ein schnelles Hin- und wieder Wegschauen, wohin ich auch ging.

Als mir ein paar Jahre später der Meniskus riss und ich einige Wochen mit Krücken herumlief, wurde ich ständig und überall nach der Ursache gefragt. Ich erzählte dann von meinem Sturz beim Skilaufen, und lachend tauschten wir Erfahrungen mit Sportverletzungen aus. Doch nach dem Kreek-Unfall schlugen mir weder Neugier noch Anteilnahme entgegen – nur unheilvolles Schweigen. Einmal erlebte ich, wie ein kleines Mädchen im Supermarkt am Ärmel seiner Mutter zupfte und auf mich zeigte. Die Mutter nahm ihre Tochter an die Hand und bog schnell in den Gemüsegang ein. Dabei raunte sie ihrer Tochter leise, aber für mich gerade noch hörbar zu: »Die arme Frau. Guck da nicht so hin.«

Vor Scham wäre ich fast im Boden versunken und bekam eine Ahnung davon, warum Frauen ein blaues Auge hinter einer Spiegelbrille verstecken oder Beulen im Gesicht ungefragt mit offenen Schranktüren erklären.

Nach dem Erlebnis im Supermarkt erzählte auch ich von meinem Schlittenunfall. Weil ich meine Ehe, Liebe, meinen Mann und mich schützen wollte. Weil für mich der Gedanke unerträglich war, dass Menschen glauben könnten, mein Mann würde mich verprügeln.

Schläge, Angst, Körperverletzungen gehörten für mich lange in eine andere Welt, weit entfernt von meinem Leben. Bis mein Unfall mir »auf einen Schlag« die Augen öffnete und mich deutlich stärker für das Thema sensibilisierte.

Schon ein kurzer Blick in die Geschichte zeigte mir, dass Gewalt in Familien eine lange Tradition hat. Im Alten Testament etwa steht: »Denn wen der Herr liebt, den züchtigt er, er schlägt mit der Rute jeden Sohn, den er gern hat.« Und: »Jede Züchtigung scheint zwar für den Augenblick nicht Freude zu bringen, sondern Schmerz; später aber schenkt sie denen, die durch diese Schule gegangen sind, als Frucht den Frieden und die Gerechtigkeit.«

Wer's glaubt, wird selig! Mir jedenfalls kräuseln sich die Nackenhaare, wenn ich so etwas lese. Und es geht noch weiter: Im antiken Athen gehörten Züchtigungen zur Tagesordnung, um Ehefrauen, Sklaven und Lehrlinge zu disziplinieren oder zu bestrafen. Sogar Aristoteles riet, ein unfolgsames Kind solle entehrt und geschlagen werden.

Bei den Römern gehörten Körperstrafen an Schulen zum Standard, so wie das Fußballspielen in der Pause für meinen Jüngsten. Empfohlen wurden damals Lederriemen, Rute, Birkenrute und Peitsche. War das Gehirnwäsche, oder wie konnten Eltern so etwas dulden? Hätte irgendein Mensch auf dieser Welt es jemals gewagt, einen meiner Söhne zu schlagen – ich weiß nicht, was ich getan hätte …

Die traurige Wahrheit ist: Noch bis in die Siebzigerjahre gehörten auch in Deutschland Schläge zur Erziehung. Teppichklopfer, Rohrstock, Ohrfeigen, Kopfnüsse, das Ziehen an Haaren oder der »Klaps« mit der flachen Hand … Ich füge in Gedanken den Kochlöffel hinzu, den mein Vater benutzte, wenn wir nicht »gehorchten«. Meine Schwestern und ich waren kreativ, wir zogen Lederhosen an oder steckten Tücher in die Hose, um die Schläge abzumildern, die exakt in der angekündigten Anzahl erfolgten. Erst seit dem Jahr 2000 haben Kinder ausdrücklich das »Recht auf gewaltfreie Erziehung«.

Deutsche Ehefrauen waren gesetzestechnisch etwas besser dran als die Kinder: Sie durften bereits seit 1928 nicht mehr von ihrem Ehemann »gezüchtigt« werden.

Doch trotz aller Gesetze gehören Schläge hinter geschlossenen Türen zum Alltag: Im Jahr 2019 wurden in Deutschland mehr als 140.000 Fälle von Gewalt in der Partnerschaft polizeilich erfasst. Dazu gehören Körperverletzungen, sexuelle Nötigung, Vergewaltigung, Bedrohung, Stalking, Freiheitsberaubung, Zuhälterei und Zwangsprostitution. Und alle zwei bis drei Tage stirbt auch in Deutschland eine Frau, weil sie von ihrem Partner oder Ex-Partner erstochen, erschossen oder zu Tode geprügelt wurde, die meisten von ihnen in den eigenen vier Wänden. Und die Dunkelziffer der misshandelten Frauen, Kinder und ja, manchmal auch Männer, ist um ein Vielfaches höher.

Noch gefährlicher ist es für viele Frauen und Kinder während Corona-Zeiten geworden. Wenn Schulen schließen, Arztbesuche vermieden werden, Kontakte wegfallen, der Job in Gefahr ist, vergrößern sich die Stressfaktoren und das Risiko für Gewalt noch einmal enorm.

Und all das findet keineswegs in einer anderen Welt statt, sondern zieht sich durch alle Gesellschaftsschichten. Laut Statistik müsste es also auch in den Reihenhäusern der Nachbarschaft, beim Sport, in der Schule, im Kindergarten, im Freundeskreis Opfer von Gewalt geben. Ein schockierender Gedanke, dem ich mich ungläubig verweigern möchte. Das würde ja bedeuten, dass ich in meinem großen Freundeskreis jemanden kennen müsste, der betroffen ist.

Wann habe ich je in meinem Umfeld Gewalt erlebt oder von Gewalt erfahren?, fragte ich mich.

Es dauerte ein paar Minuten, dann lieferte mein Hirn die ersten Bilder: Jenny, die junge Mutter, die immer mit riesiger Sonnenbrille ihren Sohn vom Kindergarten abholte. Ich erinnerte mich, dass mir eine andere Mutter hinter vorgehaltener Hand zugeflüstert hatte: »Was da los ist zu Hause, kann sich doch jeder vorstellen, oder?«

Nein, ich konnte es mir damals eben nicht vorstellen! Deshalb sprach ich Jenny auch nie an – wie traurig.

Ein paar Jahre später allerdings landete ich ungewollt in der Gewalt-Realität: Bei einer Mutter-Kind-Kur lernte ich Betty kennen, eine attraktive Mittdreißigerin mit zwei zauberhaften Kindern. Wir verbrachten viel Zeit gemeinsam. Bei einem unserer Strandspaziergänge blieb Betty plötzlich stehen, sammelte eine Handvoll Steine auf, warf einen nach dem anderen ins Meer und begann zu erzählen.

»Weißt du, wovon ich mich nie erholen werde?« Sie warf einen weiteren Stein, heftiger als zuvor. »Von der Brutalität meines Vaters!«

Erschrocken blieb ich stehen.

»Solange ich mich erinnern kann, hat mein Vater meine Mutter geschlagen. Immer dann, wenn er trank. Und das tat er leider regelmäßig.«

Auch ich begann Steine aufzusammeln und ins Meer zu werfen, während ich ihr zuhörte.

»Er schlug sie mit der Faust, mit Gegenständen, bis sie blutete oder sogar zusammenbrach.«

Plötzlich spürte ich empfindlich die Herbstbrise, schlug den Mantelkragen hoch und verkroch mich tief in meinem warmen Schal. Sollte ich etwas sagen? Was könnte ich sagen? Vielleicht reichte es, wenn ich weiter zuhörte und Betty signalisierte, dass ich ganz bei ihr war? Ich legte meine Hand auf ihren Oberarm.

Betty sah mich traurig an, dann warf sie den nächsten Stein und sprach weiter. »Meine Mutter flüchtete häufig zu mir und meinem Bruder ins Schlafzimmer. Zusammen saßen wir auf der Bettkante und weinten, während *er* hinter der verschlossenen Tür im Flur tobte.« Betty schluckte. »Manchmal war es so schlimm, dass meine Mutter die Polizei rief. Beamte holten meinen Vater dann ab, und er verbrachte eine Nacht in der Ausnüchterungszelle. Am nächsten Tag kam er kleinlaut zurück, brachte meiner Mutter Blumen mit, entschuldigte sich, und die beiden vertrugen sich. Der Horror der vergangenen Nacht schien für sie vergessen!«

Wie schrecklich das für Betty gewesen sein musste! Schon das Zuhören hielt ich kaum aus.

»In diesen Momenten fühlte ich mich von meiner Mutter verraten«, erzählte sie weiter. »Und als mein Bruder sieben war, verlor er wohl seinen Nestschutz. Ab da wurde auch er verprügelt.«

»Und du?«, fragte ich vorsichtig und hatte gleichzeitig Angst vor der Antwort.

»Ich wurde länger verschont. Vielleicht, weil ich ein Mädchen war? Aber mit vierzehn traf es auch mich.«

»Warum habt ihr all die Jahre nichts unternommen?«, fragte ich fassungslos. »Deine Mutter? Die Großeltern? Ist niemand eingeschritten? Gab es keine Hilfe?«

Betty schüttelte den Kopf. »Außer der Polizei oder den Ärzten, die Mutters Wunden versorgten, sprachen wir niemals mit jemandem darüber.«

»Aber ... warum?«

»Ein Grund war wohl, dass ich Angst hatte, mein Vater könnte dann noch wütender werden und meine Mutter noch schlimmer zurichten. Aber noch größer war die Scham, dass bei uns zu Hause so etwas Schreckliches passierte. Ich schämte mich für meine Familie, meinen Vater. Und dann der Gedanke: Bin ich vielleicht selber schuld? Ich wollte doch so gern dazugehören, leben wie die anderen Mädchen in meiner Schule, die lustige und liebevolle Geschichten von den Eltern und Geschwistern erzählten. Stattdessen schwieg ich.

Als Teil einer kaputten Familie war ich bestimmt weniger wert, dachte ich. Irgendwie fühlte ich mich durch das, was passierte, beschmutzt. Hatte Angst, ausgegrenzt zu werden.«

Ich hätte so gern irgendetwas Tröstendes gesagt, aber mir fehlten die Worte. Stattdessen nahm ich Betty einfach in den Arm.

»Weißt du«, begann ich in dem Versuch, mich ihren Gefühlen zu nähern. »Manche Menschen halten es nach einem Einbruch nicht mehr in ihrer Wohnung aus. Wegen der Einbrecher, die ihre Intimsphäre verletzt und alles Persönliche durchwühlt haben. Sie ekeln sich davor, ihre Möbel und Gegenstände anzufassen und weiter mit diesen Dingen zu leben, die sie immer an die Vandalen erinnern …«

»Ja! Manchmal fühle ich mich auch wie so ein beschmutztes oder zerstörtes Einrichtungsstück. Und ich habe sogar erlebt, dass dieses Gefühl von anderen bestätigt wurde. Es gab Männer, die sich in mich verliebten, aber abrupt abwendeten, nachdem ich ihnen im Vertrauen von meiner Kindheit erzählt habe. Vielleicht fürchteten sie unbewusst, dass etwas nicht mit mir stimmt, dass man mit einer solchen Frau keine normale Beziehung führen kann. Ich weiß es nicht. Aber es kam mir so vor, als würden dieser Schmutz und die Scham von früher noch an mir kleben, und irgendwie zerstörte das ihr Bild von mir.«

Bei der Arbeit an diesem Buch bin ich den Fragen, die mich nach dem Gespräch mit Betty beschäftigten, noch einmal intensiver nachgegangen. Wie konnte Bettys Mutter dieses Leben aushalten? Welche Gedanken und Ängste hatten dazu geführt, dass sie es nicht schaffte, das Schweigen zu brechen und sich Hilfe zu holen? Und überhaupt: Was ist das für eine verkehrte Welt, in der sich die Opfer anstelle der Täter schämen?

Wenn man bedenkt, dass Vergewaltigung in der Ehe erst seit 1997 strafbar ist und damals viele Männer ganz öffentlich über das Gesetz lachten, nähern wir uns der Antwort vielleicht ein Stück weit. Ich recherchierte im Netz und erschrak über Tausende von Einträgen betroffener Frauen zum Thema. Viele drehten sich um Gefühle und Gedanken wie die folgenden:

- »Ich schweige, weil ich mich so sehr dafür schäme, dass ich mich schlecht behandeln lasse und keine normale Beziehung führen kann.«
- »Ich möchte unsere Familie nicht zerstören.«
- »Ich habe Angst vor seinen Drohungen und davor, dass er noch mehr ausrastet, vielleicht auch die Kinder schlägt oder sie mir wegnimmt.«
- »Ich schweige, weil er immer wieder beteuert, wie sehr er mich liebt, dass er nicht ohne mich leben kann und sich bessern wird, weil auch ich ihn trotz allem liebe und nicht ohne ihn leben kann, weil ich mich lieber so behandeln lasse, als ihn ganz zu verlieren, weil ich zu meiner Entscheidung für ihn stehe und niemals aufgeben werde...«

Auch wenn man diese Worte aus der Geschichte der Betroffenen heraus vielleicht nachvollziehen kann: Das Schweigen der Opfer ist die Macht der Täter!

Wie unendlich schwer muss es sein, ohne Hilfe und Unterstützung aus solch einem Gedankenkarussell auszusteigen. Der Ratschlag »Geh doch einfach« ist für Misshandelte bestimmt genauso wenig hilfreich wie ein »Hör doch einfach auf zu trinken« für die Alkoholikerin.

Und dann gibt es da noch das Phänomen Liebe. Verhängnisvolle Liebe, die blind macht – sogar gegen den Schmerz. »Er war der Mann meiner Träume«, »… einfach perfekt«, »Ich wurde auf Händen getragen«. »So eine Chance bekommt man nur einmal im Leben«. Das unglaubliche Glück am Anfang der Beziehung überstrahlt jedes Leid. Und die Frauen sind überzeugt, dass hinter allem Bösen noch immer der Mann steckt, in den sie sich verliebt haben. Eine selbstzerstörerische Haltung, die eine Trennung unmöglich macht – manchmal bis in den Tod.

Aber selbst wenn die Opfer sich endlich trauen zu reden, erhalten sie nicht immer Mitgefühl und Verständnis. Manchmal wird es dadurch sogar schlimmer. Wie bei Betty, die erleben musste, dass Liebespartner sich zurückzogen, als klebte noch immer die Gewalt der Familie an ihr. Dabei sollte man Frauen wie Betty für ihre Stärke feiern! Sie hat es geschafft, sich von der Familie abzuwenden und ihre Vergangenheit in therapeutischen Gesprächen zu bearbeiten, was Jahre gedauert hat. Dafür lebt sie mit ihren Kindern heute ein normales Leben ohne Gewalt.

Was Betty erlebt hat, ist kein Einzelfall. Auch Familienangehörige und Freunde wenden sich oft von Opfern ab, weil sie das Wissen um die Gewalt einfach nicht länger mit ansehen und aushalten können.

Aber einen geliebten Menschen aus Überforderung allein zu lassen, fühlt sich bestimmt furchtbar an, wenn man doch eigentlich helfen möchte. Weil mir das Thema so am Herzen lag, sprach ich mit Familien- und Trauma-Therapeutin Gundula Göbel. Sie erzählte mir, dass Misshandelte ganz dringend Hilfe von außen brauchen, denn: »Scham, Angst und Schuldgefühle und ein total zerstörtes Selbstvertrauen machen es den Opfern meist unmöglich, den Partner zu verlassen. Das eigene ›Nein‹ wurde längst vernichtet.« Hier ihre Tipps, wie man es schafft zu helfen, ohne die eigenen Kraftgrenzen zu überschreiten oder in den Rückzug zu flüchten:

- Vor einem Treffen direkt den zeitlichen Rahmen festlegen, damit die misshandelte und enttäuschte Freundin sich nicht erneut zurückgewiesen fühlt, wenn man gehen möchte.
- Sich zum Sport, zu einem Ausflug oder einer anderen Aktivität verabreden, statt beim Kaffee in Dauerschleife die Probleme durchzukauen.
- Konkrete Fragen stellen, wie: »Was brauchst du von mir? Wie kann ich helfen?«, dabei aber nicht versuchen, die Therapeutin der Freundin zu sein. Das wäre eine komplette Selbstüberforderung, und die würde dann schließlich zum Rückzug führen.

Warum aber tun sich Menschen so schwer, Hilfe anzubieten, die ganz offensichtlich benötigt wird? Spielt, wenn wir uns heraushalten, vielleicht auch unsere Erziehung eine Rolle?

»Guck da nicht so hin …« – Haben wir das nicht alle schon

mal in ähnlicher Form gehört? Oder: »Misch dich nicht in anderer Leute Privatangelegenheiten ein!«, »Lass gut sein, das geht uns nichts an ...«, »Jeder kehre vor seiner eigenen Tür«.

»Es ist besser, einmal mehr einzugreifen, als einmal zu wenig«, lautet der Aufruf des Weißen Rings, einer Hilfsorganisation für Kriminalitätsopfer und deren Familien. Auch die Polizei informiert, ermutigt und appelliert an die Zivilcourage: »Wegsehen ist keine Lösung«, heißt es. Und: »Jeder ist verpflichtet, im Rahmen seiner Möglichkeiten einzugreifen.«

Aber was bedeutet das genau? Wo fängt das an, und wo hört es auf? Für mich sind die Grenzen schwammig. Ich habe mehrfach erlebt, wie Eltern ihre Kinder, aus was für Gründen auch immer, grob anfassen, hinter sich herzerren oder mit derben Schimpfwörtern verletzen. »Bist du jetzt völlig bescheuert? Beweg deinen verdammten Arsch.«

Es bricht mir das Herz, wenn ich so etwas höre und sehe. Trotzdem habe ich lange Zeit nicht eingegriffen, dachte: Vielleicht ist sonst alles in Ordnung, und ich erlebe gerade nur einen schlechten Moment.

»Eine Ohrfeige oder ein Klaps haben noch keinem Kind geschadet.« Mit dieser Aussage bin ich groß geworden. Wie absurd es allerdings ist, Kinder mit Kleiderbügeln zu strafen oder mit Kochlöffeln, ist mir erst klar geworden, als ich selbst Mutter wurde.

Doch auch mir sind schon mal die Nerven durchgegangen. Den Vorfall habe ich nie vergessen. Eines Tages kam ich ins Kinderzimmer, gerade noch rechtzeitig. Mein Sohn hatte das Fenster geöffnet und lag schon auf der Fensterbank, um ein Playmobil-Flugzeug aus dem zweiten Stock zu werfen. Ich bekam fast einen Herzschlag, zerrte ihn von der Fensterbank und haute ihm auf den Po, bis er weinte. Danach habe ich mich tagelang geschämt.

Als ich ihm letztens, fünfzehn Jahre später, von meiner Auseinandersetzung mit dem Tabu Gewalt erzählte, erinnerte er sich sofort: »Du hast mich doch auch geschlagen, damals am Fenster. ›Jetzt gibt's Aua Pöschi‹, hast du gesagt und geweint.«

Ich war verblüfft, dass auch er den Vorfall nicht vergessen hatte, und fühlte mich sofort wieder verdammt schlecht. »Können wir darüber sprechen, es klären?«, druckste ich herum. »Es tut mir so leid. Ich möchte nicht, dass irgendetwas zwischen uns steht.«

Er nahm mich in den Arm. »Da gibt es nichts zu klären, Mami.«

Erleichtert kochte ich einen Kaffee für uns beide und erzählte ihm mehr von meinen Recherchen.

Später, als wir uns verabschiedet hatten und er schon aus der Haustür war, drehte er sich noch einmal um und blinzelte mir frech zu. »Ich glaube, ich werde noch meinen Kindern von Omas legendärem ›Aua Pöschi‹ erzählen.« Lachend schicke ich ihm einen Luftkuss hinterher.

Das war seine Art zu sagen: »Alles gut, mach dir keine Gedanken.«

Aber ich machte sie mir. Klingen Worte wie »Aua Pöschi« und »Klaps« nicht viel zu harmlos für das, was sie sind: Formen der Gewalt? Und wenn wir Gewalt verharmlosen: Tun wir es, weil wir genau wissen, es ist falsch, und weil wir vor uns selbst dennoch gut dastehen wollen?

Ich war so erleichtert, dass ich mit meinem Sohn über den Vorfall gesprochen hatte. Und gleichzeitig ließ mich das Thema nicht los. Wie war es überhaupt jemals möglich, dass ich grob oder ungehalten gegenüber den Menschen war, die ich am meisten liebe? Ich hatte eine Schwelle überschritten, die ich nie überschreiten wollte, und auch wenn mein Sohn es nicht schlimm fand und inzwischen darüber lachen kann, bereitet mir der Gedanke daran bis heute einen schlechten Geschmack.

Ich erinnere mich, dass ich meine Söhne immer dann angeschrien habe, wenn mein normales Bitten sie kein Stück erreichte. Wie wäre es damals für mich gewesen, wenn eine Nachbarin mich ermahnt hätte, meine Söhne nicht so anzuschreien? Es hätte mich beschämt. Sicher. Aber hätte es was geändert? Vielleicht, wenn ich dann auch Unterstützung bekommen hätte: »Soll ich mal eine Stunde mit ihnen spielen, dass du zur Ruhe kommst?«

Aber wer bietet solche Hilfe schon an?

Und wie reagiere ich heute, wenn ich erlebe, wie Eltern Grenzen überschreiten?

Für mich ist es manchmal enorm schwierig zu entscheiden, ob und wann Handlungsbedarf besteht. Einmal beobachtete ich ein Mädchen, das ein Überraschungsei nicht zurück ins Regal legen wollte. Seine Mutter schlug es so fest auf die Hand, dass es schrie. Und ich überlegte, welche Spuren es bei dem Mädchen hinterlassen würde, wenn ich seine Mutter in der Öffentlichkeit dafür kritisierte. Wäre die Scham größer als der Schmerz? Oder was, wenn die Mutter noch wütender wird, weil ihr »ungezogenes Kind« angeblich schuld daran ist, dass Passanten sie angesprochen haben, und sie das Mädchen dafür später viel härter bestraft wird?

Je länger ich darüber nachdachte, desto mehr Situationen fielen mir ein, die mir Unbehagen eingeflößt hatten: Streitereien unter Heranwachsenden in der U-Bahn oder an der Bushaltestelle, junge Männer, die Mädchen körperlich bedrängten. Ich gebe zu, dass ich Angst hatte dazwischenzugehen. Angst davor, mich zu blamieren, und auch davor, dass der Täter mich bedrängen und mir Gewalt antun könnte, wenn ich mich ungefragt »in seine privaten Angelegenheiten« einmischte.

Und dann geriet ich erneut in Bedrängnis: Auf der Suche nach einem bestimmten Laden rollte ich langsam mit dem Auto durch eine Straße in Altona. Plötzlich tauchte aus einer Seitenstraße ein Mann mit einem Jungen auf. Während sie die Straße entlanggingen, beschimpfte der Mann den Jungen lautstark und schlug ihm dabei immer wieder auf den Kopf und ins Gesicht. Der etwa fünfzehn Jahre alte Junge weinte ängstlich und versuchte, mit den Händen die Schläge abzuwehren. Es war furchtbar mit anzusehen. Im Schritttempo fuhr ich neben den beiden her und beobachtete erschrocken, wütend, aber auch unsicher die Situation. Was sollte ich tun? Vielleicht beruhigte sich der Vater ja. Vielleicht war es nur eine Sekundenaufnahme, und alles würde gleich wieder gut sein. Hatte ich das Recht, mich in die Erziehung und familiäre Auseinandersetzung anderer Menschen einzumischen? Dann dachte ich wieder an den Aufruf der Polizei, die Plakate an Häuserwänden, die ich an vielen Stellen der Stadt gesehen habe: »Wegsehen ist keine Lösung.« Noch immer fuhr ich in sicherem Abstand hinter den beiden her. Auszusteigen und den Mann zur Rede zu stellen, traute ich mich nicht. Inzwischen hatten die zwei, immer noch schlagend und schreiend, ihr Ziel erreicht und verschwanden in einem Gebäude, einem kleinen Sportstudio, wie ich auf einem Schild an der Tür lesen konnte. Ich parkte, zögerte ein paar weitere Sekunden und griff dann entschlossen zum Handy. Nein! Schläge waren keine Privatsache für mich! Ich rief die Polizei an und schilderte meine Beobachtung, nannte die Adresse vom Sportstudio und gab ihnen meine Kontaktdaten. Dann fuhr ich, ohne meine Besorgungen erledigt zu haben, nach Hause.

Drei Monate später bekam ich eine Einladung zur Gerichtsverhandlung und wurde gebeten, als Zeugin auszusagen. Als der Vater mir auf dem Flur entgegenkam, spürte ich, wie mir die Hitze ins Gesicht schoss. Seine wütenden Blicke verunsicherten mich. Beschämt guckte ich weg. Er machte mir Angst. Nun wusste er also, wie ich aussah. Vielleicht war er gefährlich. Vielleicht war er nicht nur gegenüber seinem Sohn gewalttätig…

Was, wenn er mir nach der Verhandlung auflauerte oder meine Adresse herausbekam und eines Tages vor der Haustür stand? Jetzt verstand ich, welche Gefühle und Ängste Menschen davon abhalten, sich einzumischen, und vor allem, wie schnell man bei Gewalttätern in eine Opferrolle gerät. Hätte nicht eigentlich er es sein müssen, der im Flur des Gerichtsgebäudes beschämt wegschaute?

Immer wieder passiert es, dass Zeugen von Gewaltvorfällen nicht bereit sind auszusagen, weil sie eingeschüchtert wurden,

Angst vor Drohungen und Racheakten haben. Aber kommt es nicht einer Bankrotterklärung an den Rechtsstaat gleich, wenn Menschen sich scheuen, eine Straftat anzuzeigen? Was rät die Polizei in diesem Fall? Überall im Netz liest man, dass die oberste Regel für Zivilcourage lautet: Mach den Mund auf und hilf, aber bring dich nicht in Gefahr. Hmmm... Und wie sieht das nun im konkreten Fall aus? Ich habe bei der Pressestelle der Polizei Hamburg nachgefragt und erfuhr dort: »Jeder hilft so, wie er es sich selbst zutraut. Niemand erwartet eine Heldentat! Niemand will, dass Sie sich in einen eskalierenden Konflikt stürzen. Aber auch wenn man ängstlich ist, sollte man zumindest die 110 wählen, insbesondere, um Schlimmeres zu verhindern. Für das Handeln in herausfordernden Situationen gibt es kein Patentrezept.«

Leider... Aber zum Glück wurde ich während der Verhandlung nicht aufgerufen. Die Beweislast reichte auch so aus, eine Zeugenaussage war nicht mehr nötig. Der Vater war bereits mehrfach wegen Körperverletzung aufgefallen. Nun würde er, wie ich hoffte, eine angemessene Strafe bekommen und vor allem von dem Jungen ferngehalten werden. Aber selbst wenn es doch passiert, dass der Vater ihn eines Tages wieder schlägt, so hat der Junge durch das Eingreifen der Polizei erfahren, dass Eltern ihre Kinder nicht misshandeln dürfen und dass es unrecht war, was ihm angetan wurde. Und dieses Gefühl wird er hoffentlich tief in seinem Herzen bewahren, bis er selbst eines Tages Vater wird. Vielleicht wird es ihm helfen, seine Kinder gewaltfrei und in Liebe zu erziehen. Und dann hat mein Reden, mein Anruf bei der Polizei, dazu beigetragen.

10

Alt sein verboten?

*Lohnt es sich wirklich, in Sneakers den Falten
davonzulaufen? Ob Sex, Reisen, Sport oder Mode:
Alt sein ist total out. »Forever young« dagegen ist voll
im Trend, und eine ganze Gesellschaft scheint im
Jugendwahn. Aber warum eigentlich
tun wir uns so schwer mit dem Älterwerden?
Ist es schon ein Tabu, zu seinem Alter zu stehen?
Wovor haben wir Angst?*

Kindergarten-Abholzeit. Ich stand am Zaun vor dem Außengelände. Es machte mir Spaß, heimlich meinen Jüngsten beim Spielen zu beobachten. Und besonders an diesem Tag: Mit stolzgeschwellter Brust baute Johann sich vor seinem Kindergarten-Kollegen Frido auf und verkündete gerade: »Meine Mami ist schon sehr alt und deine gar nicht! Sie ist nämlich sogar die älteste Mami in der ganzen Glühwürmchengruppe, und das ist supercool!«

Frido werkelte mit Eimer und Schaufel und guckte ob seiner jungen Mutter bedröppelt aus der Wäsche, während er von Johann lernte, worauf es wirklich ankommt im Leben: älter zu sein als andere!

Das Älterwerden beginnt für jeden von uns direkt nach der Geburt. Und zunächst ist es, wie mein kluger Sohn seinem Kindergartenfreund erklärte, ein sehr erstrebenswerter Prozess. Vor meinem zehnten Geburtstag hatte ich ein Zentimeterband an meinem Kleiderschrank befestigt. Jeden Tag schnitt ich einen Zentimeter ab, weil ich meinem ersten zweistelligen Geburtstag entgegenfieberte. Danach wartete ich darauf, fünfzehn zu werden, um endlich Mofa fahren zu dürfen. Und so ging es weiter, bis ich achtzehn wurde – endlich mit Volldampf in ein selbstbestimmtes Leben und Partys bis zum Morgengrauen.

Und danach? Nun ja … Gut zwei Jahrzehnte später ging es schon wieder los mit den Einschränkungen, nur in umgekehrter Richtung: War ich mit vierzig zu alt für die Disko? Zu alt, um lange Haare offen zu tragen? Und wäre es ab jetzt nicht auch vorteilhafter, langärmelige Sachen anzuziehen, um die Winkearme zu verstecken?

Schon in den Achtzigern war der Song »Forever Young« ein Hit. Heute ist das Thema »Ewige Jugend« aktueller denn je zuvor. Gesundheit und Fitness sind nicht nur ein erstrebenswerter Zustand, sondern Statussymbol, Selbstvermarktung und Lebenssinn. Schön und vor allem jugendlich fit zu sein, ist zum Ideal geworden. Und die Hochkultur des Körperkults ist dazu ein extrem lukrativer Markt für viele Wirtschaftszweige. Die »Senioren-Youngsters« geben häufig ein kleines Vermögen aus für Forever-Young-Lebensmittel, Anti-Aging-Cremes, Botox-Behandlungen und dazu natürlich das perfekte Sportprogramm. Denn Bewegung garantiert hundertprozentige Lebensverlängerung.

Aber trotz aller Tests und Studien bleibt die Gewissheit: Egal ob wir jeden Morgen beim Yoga auf der Matte die Sonne grüßen, aus dem Jungbrunnen trinken oder ihn hundertmal joggend umrunden, und das mit ergrauten oder gefärbten Haaren – die Jugend lässt sich nicht endlos konservieren. Älterwerden ist bei vielen Menschen der meistgefürchtete Zustand. Warum nur ist uns dieser natürliche Prozess so unheimlich?

Beim Thema Alter denke ich schnell an graue Haare und Gebrechlichkeit, an Krankheit, Einsamkeit, Schmerzen, Demenz und natürlich an die eigene Vergänglichkeit. Auch Buchtitel wie *Altern ist nichts für Feiglinge* von Joachim Fuchsberger oder Zitate wie »Altern ist schon eine Zumutung« von Vicco von Bülow alias Loriot sind nicht gerade das, was mir Zuversicht schenkt für alles, was da kommen mag. Jede Frau, die mir mit Rollator oder am Krückstock entgegenkommt, erinnert mich daran: Das könnte ich sein in ein paar Jahren.

Und mit gemischten Gefühlen überlege ich: Wie wird es mir gehen? Werde ich noch laufen können? Wo werde ich leben? Dazu kommt die Angst vor diesem unbekannten und unkontrollierbaren Prozess der letzten Jahre: Was wird auf mich zukommen? Werde ich fit bleiben und eines Tages tot umfallen (hoffentlich)? Oder werde ich an Krebs, Herzleiden oder an Demenz erkranken und am Lebensende meine Kinder nicht mehr erkennen? Wie werde ich damit umgehen, wenn trotz aller Inspektionen und Reparaturen mein Körper jeden Tag ein wenig mehr den Dienst verweigert?

Gibt es einen speziellen Tag, an dem man plötzlich spürt, dass sich die Dinge verändern? Wann habe ich zum ersten Mal wahrgenommen, dass die »Ich bin jung und das ganze Leben liegt noch vor mir«-Jahre sich dem Ende zuneigen? Wann habe ich angefangen, mich durch die Altersbrille zu betrachten und mir selbst mit dem kritischen Fragen-Potpourri »Bin ich zu alt für …?« das Leben schwer zu machen?

Als ich einmal auf der Waage stand und plötzlich mein Gewicht nicht mehr ohne Lesebrille erkennen konnte, dachte ich trotzig: Na und? Ein wenig mehr Weitsichtigkeit ist noch längst keine Weichenstellung.

Und jetzt? Zunehmend beginnt die Außenwelt meinen langsam einsetzenden Verfall wahrzunehmen. Ich meine, auch früher war ich nicht der Typ, bei dem den Handwerkern der Hammer aus der Hand fiel, wenn ich an der Baustelle vorbeiging. Aber ab und zu hat sich schon der eine oder andere umgedreht und mir einen bewundernden Blick geschenkt. Wenn das heute passiert, dann oft nur noch aus Hilfsbereitschaft. Aus Sorge, dass ich mit den schweren Tüten während der Grünphase vielleicht nicht mehr über die Kreuzung komme. Und wenn es dann doch mal aus anderen Gründen geschieht, sind es plötzlich Typen einer älteren Generation: Als ich zum Beispiel neulich im Park mit meinem Hund spazieren ging, schaute mir ein Mann mit weißen Haaren sehr interessiert hinterher. Na, der hat sich wohl im Alter vertan, war mein erster Gedanke. Zehn Schritte und einen Gedanken weiter hatte mich die Realität eingeholt: Der ist vermutlich genauso alt wie du!

Die Kluft zwischen Selbst- und Fremdwahrnehmung ist

manchmal so groß wie der Schreck, wenn ich beim Fotografieren mit der Handy-Kamera unvorbereitet in mein eigenes Gesicht blicke: Ich habe mich einfach jünger in Erinnerung.

Aber das ist nur ein Aspekt, an dem ich merke, dass die Jahre keineswegs spurlos an mir vorübergegangen sind. Früher habe ich mich mit meinen Schwestern köstlich amüsiert, wenn meine Mutter regelmäßig bei den Nachrichten auf ihrem Sessel einnickte. Heute schaue ich selbst in Endlosschleife immer dieselbe Folge meiner Lieblingsserie, weil ich jedes Mal nach den ersten Minuten einschlafe. Und manchmal ruft sogar mein ganzer Körper zum Generalstreik auf. Zum Beispiel gerade erst, nach meinem Umzug. Es war der zwanzigste in meinem Leben. Ich finde es spannend und inspirierend, von Zeit zu Zeit die Zelte abzubrechen, Ort und Wohnung an das aktuelle Leben anzupassen, neu zu starten. Neunzehn Mal habe ich das lässig und mit links gemacht – aber diesmal: Meine Beine fühlten sich so schwer und unbeweglich an wie zwei Betonsäulen. Meine Frozen Shoulder brannte wie Feuer, und jeder Quadratzentimeter meines geschundenen Körpers beschwerte sich über die ungewohnte Arbeit. Und so hatte mein Tag ausgesehen: Um halb sieben am Morgen stand das Umzugsteam vor der Tür. Dann ging es los: Hundert Mal die Treppe rauf und runter, hektisch die letzten Kartons gepackt, Kubikmeter von Müll entsorgt, auf Knien Farbreste vom Parkett hinterm Schrank gekratzt, eingekauft, das Umzugsteam mit belegten Brötchen und Kaffee versorgt, erste Kartons wieder ausgepackt.

Am Abend lag ich zwischen einem Berg von Kisten, Lampen und Elektrogeräten platt wie eine Flunder auf dem Sofa.

So ähnlich musste sich mein Hund Carlo gefühlt haben, nachdem mein ältester Sohn ihn mit auf eine Halbmarathon-Joggingrunde genommen hatte. Nach einem kläglich gescheiterten Versuch, mit stocksteifen Beinen und verspanntem Rücken zum Fressnapf zu laufen, hatte er sich leise jaulend auf sein Kissen fallen lassen und es zwei Tage nicht mehr verlassen. Ich hatte ihn zum Pinkeln in den Garten tragen müssen! (Sein Futter bekam er im Liegen.)

Während ich überlegte, wer meine Jungs nach meinem spontanen Erschöpfungszusammenbruch versorgen könnte, kam quietschvergnügt Sohn Nummer drei um die Ecke.

»Wenn wir für heute fertig sind, gehe ich jetzt joggen«, verkündete er. »Willst du nicht mitkommen? Das tut dir bestimmt gut nach so einem stressigen Tag«, fügte er hinzu, während er sich die Laufschuhe schnürte.

Erschöpft schüttelte ich den Kopf. Von heißer Badewanne über Ayurveda-Massage bis zur Kur à la Schwarzwaldklinik konnte ich mir so einiges vorstellen, was mir guttäte. Joggen gehörte nicht dazu. In meinem Zustand erschien mir schon die Strecke vom Sofa bis in die Küche als Herausforderung. Und dann musste ich ja auch noch eine Tüte aufschneiden, um die Tiefkühlmahlzeit in die Mikro zu schieben. Man hätte mich genauso gut bitten können, den Mount Everest zu besteigen.

Hatte ich geseufzt? Mein Sohn sah mich besorgt an. Dann schlug er einen mir bislang unbekannten Krankenpflegerton an: »Hast du heute auch genug getrunken, Mami?«

Wieso war sein erster Gedanke beim Anblick seiner Mutter auf dem Sofa, dass die Erschöpfung Folge einer bedrohlichen

Senioren-Dehydration war? Würde er als Nächstes fragen, ob ich auch meine Medikamente eingenommen hatte? Würde er mir meine tägliche Vitaminration in praktischen Tablettenboxen servieren oder mir einen Notrufknopf um den Hals hängen? Ich war einfach nur müde! Und sorry, das darf man doch wohl nach einem Umzugstag sein, oder? Zumindest, wenn man bereits Jahrzehnte jenseits der dreißig ist. Da ist ein Möbelpackertag doch keine Aufwärmübung für einen Halbmarathon. Wie sagte der wunderbare Anthony Quinn einmal so schön: »Auch mit sechzig kann man noch vierzig sein – aber nur noch eine halbe Stunde am Tag.«

Ich jedenfalls hatte meine halbe Stunde an diesem Tag um das Zehnfache überschritten und war meilenweit davon entfernt, mich zwanzig Jahre jünger zu fühlen. Überhaupt geht mir seit einiger Zeit dieses ewige: »Sechzig ist das neue vierzig«, »Fünfzig ist das neue dreißig«, »Fit und faltenlos für immer in Sneakers und Minirock« total auf die Nerven.

Früher war man erst Kind, dann jung, im besten Alter und schließlich Großmutter – fertig!

Apropos: Wenn ich an meine Großmutter denke, sehe ich sie in Kittelschürze mit Schälmesser und einem Topf Kartoffeln auf dem Schoß vor mir. Oder mit einer Häkelarbeit in der Hand. Zufrieden, freundlich, liebevoll. Ich erinnere mich nicht daran, dass sie jemals darüber nachgedacht hätte, ob sie im rosa Kittel oder ohne Haarnetz jünger wirken könnte. Hat sie auch nur einmal überlegt, dass sie Sport treiben könnte, anstatt für die Familie zu kochen, zu waschen oder zu nähen? Ich fürchte, nicht.

Natürlich haben sich die Zeiten seitdem dramatisch geändert. Und damit geht jeder anders um: Forever Youngsters (geben mit dem Rentenalter erst richtig Gas und stürzen sich in Aktivitäten jeglicher Art), Golden Mentors (verstreuen ihr lebenslang angesammeltes Wissen), Lifelong Learners (lernen und bilden sich weiter, bis der Sargdeckel zuklappt), Free Ager (konzentrieren sich zufrieden auf Harmonie, Menschlichkeit, Gelassenheit) heißen die neuen Trends der Silver Society. Was wohl meine Großmutter dazu gesagt hätte? Die hat übrigens ihre Beine abends mit Franzbranntwein eingerieben. Das hätte mir nach dem Umzug bestimmt auch geholfen. Aber da fiel es mir nicht ein.

Was mir allerdings aufgefallen ist: Während Frauen mit fortgeschrittenem Alter häufig damit klarkommen müssen, dass sie sowohl für die Berufswelt als auch als Liebespartnerin immer unsichtbarer werden, geben graue Haare dem Mann den Sex-Appeal eines erfahrenen Wolfes. Aber auch Männer sind keineswegs immun gegen das Jugendwahn-Virus. Sie laufen in Teenie-Jeans herum, lassen sich liften oder suchen sich eine dreißig Jahre jüngere Frau und schieben Kinderwagen durch die Straßen. Als ob ein »Ich beginne einfach noch mal von vorn« das Altern aufhalten würde.

Dabei denke ich sofort an den Film *Und täglich grüßt das Murmeltier.* Jedes Jahr dieselbe Leier: TV-Wetterfrosch Phil Connors reist für den Bericht über die traditionelle Murmeltierfeier in das kleine Provinznest Punxsutawney. Als er am nächsten Morgen aufwacht, ist wieder Murmeltiertag, und er erkennt, dass er in einer Zeitschleife gefangen ist und, egal was er macht, immer wieder am selben Tag aufwacht. So ähnlich kommt mir das Verhalten dieser älter werdenden

Männer vor: Sie versuchen die Zeit, die Entwicklung, den Lebenskreislauf zu ignorieren und einfach die immer gleiche Phase – nur in neuer Besetzung – zu wiederholen. Trotzig wie dreijährige, mit dem Fuß aufstampfende Kinder rufen sie dem Schicksal entgegen: »Ich will aber nicht älter werden!«

Vielleicht fasst Phil in dem Kult-Klassiker das Gefühl dieser Männer zusammen: »Ich war mal auf den Jungferninseln, da habe ich ein Mädchen kennengelernt. Wir haben Hummer gegessen und Piña Colada getrunken. Und bei Sonnenuntergang haben wir uns geliebt wie die See-Otter. Das war gar kein schlechter Tag. Warum erlebe ich nicht den Tag wieder und wieder und wieder?« Stattdessen wiederholt sich sein Murmeltiertag so oft, bis er endlich geläutert ist.

Vor vielen Jahren lernte ich selbst einmal einen Murmeltiermann kennen. Kurz nachdem wir uns kennenlernten, erzählte er mir: »Bevor ich dir begegnet bin, hatte ich häufig jüngere Freundinnen. Als ich dann zum dritten Mal einer von ihnen bei der Examensarbeit half, fühlte ich mich plötzlich wie in einer Zeitschleife gefangen. Mit einem Mal begriff ich und wollte da plötzlich nur noch raus …«

… und das Leben leben, das zu meinem Alter und Lebensplan passt, wollte er damit sagen. Ein gemeinsames Leben mit einer gleichaltrigen Frau, die zur gleichen Zeit aufwuchs, die Erfahrungen und Erlebnisse aus diesen Jahren mit ihm teilen konnte, die an der gleichen Schwelle des beruflichen und privaten Lebens stand, vielleicht mit ähnlichen Interessen für die Zukunft. Und die hatten wir! Wir heirateten und bekamen zwei wunderbare Söhne miteinander.

Fünfzig Jahre später allerdings fällt es sicher manchmal schwerer, das Leben zu leben, das zu jener Lebensphase passt.

Wenn ich meine vierundneunzigjährige Mutter in der Senioreneinrichtung besuche, berührt es mich zu sehen, wie viel Energie es sie kostet, den ganz normalen Alltag zu bewältigen, und zu begreifen, wie ihre Welt und ihr Bewegungsradius immer kleiner werden und wie all ihre Einschränkungen sie manchmal grantig und grummelig machen.

Dann sehe ich automatisch mich in vierzig Jahren und überlege, wie ich mein Leben im hohen Alter gestalten würde.

Im Restaurant der Seniorenresidenz beobachte ich auch andere Menschen: Herrn König, der immer einen Schuhkarton voller Fotos aus seiner Vergangenheit mit zum Essen bringt, die niemand sehen möchte. Frau Meyer, die an jedem Tisch stehen bleibt und über ihre kranke Hüfte klagt. Die beiden Damen am Ecktisch, die mittags vergnügt ein Glas Wein trinken und fröhlich plaudern, bevor sie vermutlich leicht angeschickert einen Mittagsschlaf machen. Und meine Mutter, die immer allein essen möchte. »Die Männer sind mir hier alle zu alt. Die reden immerzu nur über die Vergangenheit und ihre Krankheiten …«

Ich denke, dass sie durch die Vermeidung von Kontakten versucht, der Konfrontation mit dem eigenen Alter zu entfliehen. Vielleicht ist das mit ein Grund dafür, weshalb viele Senioreneinrichtungen an den Stadtrand verbannt werden: um uns den Anblick, die Auseinandersetzung mit dem Alter zu ersparen.

Aber hilft Weggucken? Ich gebe zu, dass auch ich mich, trotz aller Aufgeklärtheit, Recherche, Offenheit und gegen jede Vernunft, immer wieder schwertue mit dem Thema Endlichkeit. Der Gedanke tut einfach weh. Aber trotz aller möglichen und vielleicht traurigen Szenarien: Die Augen zu verschließen und Flucht vor der Auseinandersetzung mit der Realität, sind für mich auf keinen Fall eine Option!

Wüssten wir mehr über das Leben jenseits der Knackfrische, würden wir uns diesem womöglich etwas entspannter nähern, oder? Ich finde: Vorbereitung ist die halbe Miete. Schließlich fahre ich ja auch nicht an den Strand, ohne Sonnenmilch einzupacken. Gern würde ich mehr hören und sehen von Menschen im Alter. Und nicht nur die Schreckensmeldungen: neue Hüfte, Bypass, Einsamkeit. Und auch nicht nur die Ausnahmegeschichten wie die der 1925 geborenen »Turn-Oma« Johanna Quaas, die mit über neunzig Jahren noch sportliche Höchstleistungen hinlegt und als älteste Sportlerin der Welt gefeiert wird. Ich möchte mehr hören und erfahren vom Leben »normaler« älterer Menschen, um mir dann noch besser überlegen zu können: Was kommt eventuell auf mich zu? Wie will ich dann leben? Und was kann ich heute dafür tun?

Offen bleibt auch die Frage, wie es sich wirklich anfühlt, in einem älteren Körper zu leben. Ich googelte herum und stieß auf spannende Angebote: Da gibt es die Möglichkeit, einen Senioren-Schnuppertag im Alterssimulationsanzug zu buchen. Diese Anzüge wurden konzipiert, um Pflegepersonal wertvolle Informationen für die Arbeit zu vermitteln. Wie das funktioniert? Durch verschiedene Gewichte, Brillen und Gelenkbandagen werden Kraftverlust, Gelenksteifigkeit, Schwerhörigkeit und eingetrübte Linsen simuliert. Warum nicht mal am eigenen Leib erfahren, was es bedeutet, so den Alltag zu bewältigen?

In der Hamburger Hafencity wird seit einigen Jahren ein »Dialog mit der Zeit« angeboten. In dieser Ausstellung können Besucher mit »Senior-Guides« in die Zukunft eintauchen: Wie fühlen sich ein Tremor oder eine Demenz an? Wie eine Treppenbesteigung? Was bedeutet es, Muskelschwäche zu haben? Spielerisch und im Gespräch mit den »Profis« bekommen Besucher Einblick in eine noch fremde Welt. Die Idee der Tour ist, Klischees und Vorurteile abzubauen und Ängste zu lösen.

Ich hatte mich gerade angemeldet für dieses spannende Erlebnis, als die erste Corona-Welle uns erwischte und die Ausstellung im Lockdown geschlossen wurde. Seither steht der Besuch noch immer ganz oben auf meiner »Nach-Corona-Wunschliste«.

Was die Ausstellung auch anregen will: sich mit Wünschen und Plänen für die kostbare verbleibende Lebenszeit zu beschäftigen. Ist das nicht glücksbringender, als in trendigen Sneakers vor der Wahrheit davonzulaufen?

Ich habe mir jedenfalls hoch und heilig versprochen, aus dem Forever-Young-Hamsterrad auszusteigen: Ich möchte keine Klamotten tragen, nur weil sie gerade »in« sind, sondern mich lieber kleiden, wie es zu mir, meiner Stimmung und meinem Lebensgefühl passt. Ich möchte versuchen, mein Gesicht und meinen Körper weniger kritisch zu betrachten und die Veränderungen liebevoll anzunehmen. Daran scheitere ich zugegebenermaßen im Moment noch häufig, aber ich werde weiter üben. Und ich habe meinem Körper, der mich im sechsten Jahrzehnt durchs Leben trägt, versprochen, ihn nicht mehr zu malträtieren, um seine Leistung mit zwanzig Jahre jüngeren Menschen zu messen. Allerdings muss ich zugeben, dass vor allem letztere Entscheidung nicht nur eine Folge meiner wachsenden Weisheit war. Ich brauchte einen kleinen Anstupser von außen. Den bekam ich eines Vormittags in meinem Sportstudio.

»Du bist echt ganz schön fit für dein Alter!«, lobte mich die superschlanke Nancy, die neben mir im Hot-Iron-Kurs gerade im hautengen supersexy Outfit mühelos die Fünfundzwanzig-Kilo-Langhantel in der fünfzehnten Wiederholung über ihren Kopf stemmte, während ich kurz vor dem Kreislaufkollaps mit meiner Zehn-Kilo-Stange kämpfte. Ich versuchte, das »für dein Alter« zu ignorieren, und freute mich. Mein stolzes Lächeln blieb mir allerdings im Halse stecken, als sie in der nächsten kurzen Trainingspause hinzufügte: »Vielleicht kann ich meine Mutter ja doch noch überreden mitzumachen, wenn ich von dir erzähle.« Das tat weh! Ich fühle mich wie Methusalem auf der Matte. Aber natürlich war ich mindestens fünfundzwanzig Jahre älter als Nancy – da konnte ich hüpfen und schwitzen, so lange ich wollte.

Zum Glück drehte Trainer Tobias die Musik wieder bis zum Anschlag auf, sodass keine Antwort von mir erwartet wurde.

Kaum zu Hause, kündigte ich meinen Vertrag im Fitnessstudio. Statt mit den Dreißigjährigen mitzuhalten, werde ich mich künftig lieber mit meinen Freundinnen zum Extra-Hundespaziergang oder zur Fahrradtour verabreden.

»Als du jung warst, fuhr man bestimmt noch mit der Kutsche zum Einkaufen und verschickte Nachrichten mit Brieftauben, oder, Mami?«, feixte mein Sohn neulich, als er mir mein Handy einrichtete. Auch die Installation des neuen Ambilight-Fernsehers, den wir uns nach dem Umzug gegönnt haben, überlasse ich gern den Jungs. Manches verstehe ich einfach nicht mehr so schnell.

Die Welt verändert sich in rasanter Geschwindigkeit, und die Jahre fliegen vorbei. Und manchmal, an ganz schlechten Tagen, überkommt mich eine unendliche Traurigkeit – nicht wegen meiner Falten, meiner Winkearme oder meiner Arthrose –, sondern wegen des Wissens um die Endlichkeit. Ich schaue meine Jungs an, sehe sie erwachsen und zu Männern werden – und rechne mir aus, wie lange ich sie noch begleiten kann aus der Ferne. Frage mich, ob und wie lange ich wohl Enkelkinder erlebe, frage mich, wie mein Jüngster wohl leben wird, wenn er fünfzig ist. Denn zu diesem Zeitpunkt werde *ich* sicher nicht mehr leben.

Aber dann trete ich die Depressionsbremse bis zum Anschlag durch. Wo sollen diese negativen Gedanken hinführen? Ich stelle mir vor, wie furchtbar es wäre, mit achtzig in meinem Schaukelstuhl zu sitzen und zu bereuen, dass ich dreißig Jahre lang das pralle Leben nicht oder nur eingeschränkt genossen habe, weil ich ständig den Blick auf den Verfall gerichtet und Falten statt wunderbare Momente gezählt habe.

Ich versaue mir ja auch nicht den Sommer, weil ich im Mai schon daran denke, wie schnell es November wird. Oder sitze im Winter im Bikini am Elbstrand, um dem Wandel der Jahreszeiten zu trotzen.

»Ab in den Handstand«, das habe ich beim Yoga gelernt. Ein Perspektivwechsel schärft meine Sinne! Statt meine Energie aufzuwenden, um die Jugend in allen Bereichen zu verstehen oder gar mitzuhalten, konzentriere ich mich lieber auf das, was mir das Fünfzig-plus-Sein im Moment besonders wertvoll macht: Nach einem Vierteljahrhundert »Family first« genieße ich die Freiheit, mein Leben nun mehr und mehr nach meinen Wünschen planen zu können. Wie lange träume ich schon von einem Winter in Finnland, davon, nur einen Hinflug zu buchen und zu bleiben, solange ich will? Ich möchte weiter durch die Welt reisen, Reportagen schreiben, und vielleicht gehe ich eines Tages als Au-pair-Oma nach Afrika.

Und von wegen »Altersweisheit ist heute nicht mehr gefragt«: Auch wenn mein Jüngster mit seinen vierzehn Jahren heute nicht mehr vor Stolz platzt, dass er die älteste Mutter hat, und obwohl mir meine erwachsenen Söhne regelmäßig klarmachen: »Du checkst das sowieso nicht«, rufen sie mich doch zwei Stunden später an und fragen *mich* um Rat.

Was die ganzen »Alterstrends« angeht, zähle ich übrigens zur Gruppe der »Free Ager«. Auf den Webseiten des Zukunftsinstituts las ich, dieser Lebensstil sei bei Menschen ab fünfzig weit verbreitet. Sie stünden für und auf: Harmonie, Gelassenheit, Menschlichkeit, ein soziales Miteinander, eine gesunde Umwelt, Leben im Hier und Jetzt. Und genau auf diese Dinge würden sie sich dann auch konzentrieren. So schnell kann es gehen: Man will sich nichts diktieren lassen und landet mitten im Mainstream.

Untersuchungen zufolge sind Menschen zwischen achtundfünfzig und siebenundsiebzig Jahren sowieso am glücklichsten. Hört sich doch gut an, oder?

Als ich mich entschloss umzuziehen, sagten viele Nachbarn und Freunde: »Ja, jetzt wo ein Kind nach dem anderen auszieht, verstehen wir, dass du nach einer kleineren Wohnung Ausschau hältst. Aber warum wartest du damit nicht, bis alle Jungs aus dem Haus sind?«

Als Letzte allein aus dem Reihenhaus ausziehen? Ein furchtbarer Gedanke für mich. Und was das Umschauen nach etwas Kleinerem betrifft: Genau das Gegenteil habe ich getan. Wir sind in eine größere Wohnung gezogen. Warum? Weil ich ein Paradies gefunden habe, in dem ich nicht nur wunderbare Familienzeiten mit meinen Jungs verbringen kann, sondern auch meine Pläne für die nächsten Jahre verwirklichen kann. Ich möchte meine Begeisterung für das Schreiben weitergeben, Leidenschaft wecken für die Arbeit an Texten jeder Art und dazu gemeinsam mit Kolleginnen, Journalisten, Autoren verschiedene Seminare veranstalten und einen Ort für kreative Begegnungen schaffen. Ein toller Plan, wie ich finde – meistens jedenfalls. An manchen Tagen machen mir meine eigenen Visionen auch Angst. Weil ich merke, dass meine Energie und meine Kraft sich verringern. Und dann kommt mir der Gedanke, dass ich mir vielleicht zu viel vorgenommen habe. Aber so what! Wenn es so kommt, vermiete ich die Räume vielleicht an jüngere Menschen mit genialen Plänen, setze mich einfach auf einen Schaukelstuhl in den Garten und füttere die Goldfische. Wir werden sehen! Und wenn mein Sohn mich wieder einmal besorgt nach meinem

Flüssigkeitskonsum fragt, nehme ich das als Zeichen, dass es höchste Zeit wird, eine Flasche Wein zu köpfen und mit meinen Freundinnen anzustoßen: Auf uns, auf das bunte Leben, auf alles, was wir bis heute geschafft haben, und auf das, was noch vor uns liegt. Auf geht's gemeinsam mit Stützstrümpfen auf eine spannende Zielgerade!

II

»Dein Sojawürstchen killt doch auch den Regenwald!«

Kreuzfahrtschiffe, Klimawandel, Migration, Corona…
Politik bietet immer Stoff für Konflikte. Es kann
anstrengend sein, die Harmonie-Komfortzone zu
verlassen, wenn es um Ansichten geht, die so unbequem
sind, dass sie schon wieder an ein Tabu grenzen.
Aber lohnt sich Schweigen wirklich, oder kann die
Meinung des Gegenübers auch eine Bereicherung sein
und eine Anregung, die eigenen Werte und Über-
zeugungen zu hinterfragen?

Sonntagmorgen. Nach dem gemütlichen Familienfrühstück hatte ich mich mit meiner Freundin Isabelle zum Elbspaziergang mit unseren Hunden verabredet. In Jacke, Stiefeln und mit der Hundeleine in der Hand stand ich im Flur. Carlo sprang schon ungeduldig und in vergnügter Vorfreude um mich herum. »Dann also bis später«, verabschiedete ich mich von den Jungs in der Hoffnung, sie würden in ihren Zimmern verschwinden, sodass ich unbemerkt den Autoschlüssel einstecken könnte. Fehlanzeige. Meine Söhne scharten sich liebevoll um mich, und mir wurde klar, dass ich nicht unbesehen aus der Tür käme. Also schnappte ich mir den Schlüssel unter ihren Blicken aus der Krimskrams-Schale.

»Das ist jetzt nicht dein Ernst, Mami, dass du die zwei Kilometer bis zur Elbe mit dem Auto fahren willst!?«, kam prompt die befürchtete Reaktion von Sohn Nummer drei.

Seit einiger Zeit liegen meine Jungs in Sachen Umwelt auf der Lauer wie der ewig hungrige Carlo unterm Frühstückstisch. Schuldbewusst hielt ich inne und fühlte mich wie mit fünfzehn, als meine Mutter mich mit einer Schachtel Zigaretten erwischt hatte, die ich aus dem Haus schmuggeln wollte. »Es ist so ungemütlich draußen, und da dachte ich …«

»Das ist es beim Spaziergang ja auch. Da kannst du die fünf Minuten Radfahren schon noch dranhängen«, unterbrach er mich mit einem Erzieherton, der mir sehr bekannt vorkam. »Eure Generation hat das irgendwie noch nicht gecheckt mit unserer Welt, ihr lebt manchmal total an der Zeit vorbei. Es ist doch völlig absurd, dieses ständige Autofahren«, fügte Sohn Nummer vier kopfschüttelnd hinzu.

Früher habe ich meine Söhne erzogen, heute scheint es umgekehrt zu sein – zumindest manchmal.

Schuldbewusst legte ich den Schlüssel zurück, holte das Rad aus der Garage und fuhr die kurze Strecke bis zum Treffpunkt. Natürlich hatte mein Sohn recht. Aber das Wissen um Fakten ist das eine, das konsequente Handeln das andere.

Selbstverständlich weiß ich um die Klimaprobleme und auch darum, welchen Einfluss das Autofahren dabei hat. Nur manchmal braucht es halt einen kleinen Anstoß, um die Blickrichtung zu wechseln. Weltberühmtes Beispiel dafür, was so ein Anstoß bewirken kann, ist wohl Greta Thunberg. Als jugendliche Klimaschutzaktivistin initiierte sie Schulstreiks, denen sich weltweit immer mehr Schülerinnen und Schüler anschlossen – woraus die Bewegung »Fridays for Future« entstand. Sie rüttelte Millionen Menschen wach und rief viele Kritiker auf den Plan.

Lange Zeit, so scheint es mir, fand viel Brisantes auf der Welt weit entfernt vom ruhigen Deutschland statt. Es fiel leichter, in fröhlichen Runden am Abend bei einem Glas Wein über Politik zu diskutieren, die uns berührte, aber nicht jeden persönlich betraf: politische Spendenaffären, Eurograb Elbphilharmonie, Angela Merkel oder EHEC. Während die Meinungen auch damals schon sehr unterschiedlich waren, stritt man sich, tauschte Argumente aus – und trank dann einen Schluck drüber. Heute aber stolpern wir über viele Zündstoff-Themen direkt vor unserer Haustür: Migration, Kopftücher in Schulen, Terroranschläge, Genderdebatten …

Zu Letzterem fällt mir ein: Neulich schickte mir eine Freundin einen YouTube-Clip aus dem Jahr 2015 mit Werbung für WICK DuoGrippal. Eine niesende Mutter sagt zu ihrem Kind: »Anna, ich muss mich heute leider krankmelden, bin mobil erreichbar, okay?« Dann das enttäuschte Gesicht der Tochter und dazu eine Stimme aus dem Off: »Mütter nehmen sich nicht frei, Mütter nehmen das neue WICK DuoGrippal …«

Warum haben die denn keinen Vater mit Männerschnupfen ins Bett gelegt? Stattdessen schubsen sie die Frauen in die verstaubte Rolle zurück: Egal ob eine Mutter auf dem Zahnfleisch kriecht – soll sie sich doch dopen, Medikamente einwerfen –, die Hauptsache ist, nicht als »gute Mutter« zu

versagen. Da ist noch viel Luft nach oben in der Gender-
politik.

Stichwort gute Mutter: Neulich lag ich wieder mal mit meiner Frozen Shoulder und anderen Wehwehchen auf der Liege
bei meiner Physiotherapeutin und Freundin Cora. Während
sie mich behandelte, stöhnte sie: »Ich habe seit Weihnachten einen Bandscheibenvorfall.« Ich war total verwundert,
weil Cora nicht nur Physiotherapeutin ist, sondern auch eine
durchtrainierte Sportlerin. »Rate mal, wie das passiert ist«,
sagte sie, als hätte sie meine Gedanken lesen können. »Beim
tagelangen Sitzen auf dem Fußboden zum Basteln der Adventskalender für die Kinder. Zu langes Verharren in unge-
wohnter Position, hat der Arzt gesagt.« Ich sollte hinzufügen,
dass es sich um erwachsene Kinder handelt.

Was sind – neben den Genderdebatten – weitere Brandthe-
men unserer Zeit? Kreuzfahrtschiffe, Klimawandel, Migration, Corona... Puh! Da ist jede Menge Potenzial für Streitereien dabei, denen wir gern aus dem Weg gehen. Mit den
Jahren setzt bei mir manchmal so eine Revoluzzer-Müdigkeit
ein. Tempolimits, Massentierhaltung, Atomkraftwerke, Pelz-
mäntel – wir haben uns früher oft nächtelang darüber die
Köpfe heißgeredet, und was ist passiert seitdem? Zu wenig.
Aber vielleicht ist es nicht nur der erlahmende Kampfgeist,
sondern auch manchmal die Angst davor, mit der eigenen
Meinung anzuecken?

Doch ist es wirklich hilfreich, Themen des »lieben Frie-
dens« willen elegant zu umschiffen? Bei der Wahl in den USA
kam es zwischen Trump-Anhängern und Gegnern zu heftigen

Straßenschlachten und sogar zum Angriff auf das Kapitol. So weit ist es bei uns zum Glück noch nicht. Aber auch in Deutschland kann man durch eine falsche Wortwahl schnell unter Beschuss geraten. Wer etwa »Ich liebe mein Deutschland« schwärmt, landet gleich in der rechten Ecke, obwohl er vielleicht nur von Landschaft und Kultur gesprochen hat. Diesen »Mechanismus« hat Regisseur Sönke Wortmann in seinem vergnügt-provokanten Film *Der Vorname* aufgegriffen. Inhalt der Gesellschaftskomödie: Der reiche Immobilienmakler Thomas verkündet bei einem gemeinsamen Essen mit Schwester, Schwager und dem Familienfreund, dass er das Kind, das seine Frau erwartet, Adolf nennen werde. Und er hat für die Namenswahl durchaus Argumente. Wenn Adolf nicht geht, dann geht auch Josef nicht, wegen Stalin. Schlagfertig rattert er weitere historisch belastete und doch häufig zu findende Namen herunter. Sein Schwager, Literaturprofessor und linksliberaler Besserwisser, steigert sich angesichts der Namensverkündung geradezu in Hysterie und wird immer ausfallender. Am Ende kommt heraus: Thomas hat nur einen Witz gemacht, um seinen Schwager zu provozieren und weil er den Abend im Bildungsbürger-Haus aufmischen wollte. Der Film zeigt anschaulich, wie schnell eine Debatte aus dem Ruder laufen kann, wie rasant und gefährlich sich Auseinandersetzungen aufheizen und sich ungezügelt ins Radikale steigern können.

Aber auch jenseits von Kino und Fiktion scheint es aktuell gefährlicher geworden zu sein, die eigene Meinung öffentlich zu vertreten. Greta Thunberg trifft nicht nur konstruktive Kritik, sie wird beleidigt, wahlweise als »Göre«, »zopfgesichtiges Mondgesicht-Mädchen« oder »Freak« bezeichnet und erhält immer wieder Morddrohungen. Krawalle bei Demonstrationen für einen menschlichen Umgang mit Flüchtlingen machen es nicht leicht, furchtlos die eigene Meinung zu verkünden. Laut einer Studie halten sich rund die Hälfte aller Berufstätigen mit politischen Diskussionen im Job stark zurück, um es sich nicht mit Chefin, Chef oder Kollegen zu verscherzen oder weil sie Angst um ihre Karriere haben.

Wie schnell die Stimmung im Freundeskreis aufgrund unterschiedlicher Gesinnungen ins Wanken geraten kann, habe ich selbst schon erlebt. Zwischen Salat und Saltimbocca passierte es. Seit ewigen Jahren treffen Benno, Babs, Friedrich, Sabine und ich uns regelmäßig zum gemeinsamen Essen. Jedes Mal ist ein anderer an der Reihe zu kochen. Diesmal war Sabine dran, ein Highlight für mich. Denn während es bei mir meist einfache Pastagerichte gibt, verwöhnt Sabine uns mit den leckersten Gerichten. An besagtem Abend servierte sie uns einen köstlichen Avocado-Grapefruit-Salat als Vorspeise. Danach stellte sie eine riesige Platte Saltimbocca alla Romana in die Mitte des Tisches. Für Babs, die sich seit Jahren ambitioniert vegan ernährt, hatte sie extra ein Avocado-Risotto gezaubert, das von der gesamten Runde mit vielen Ohs und Ahs kommentiert wurde, frei nach dem Motto: »Erstaunlich, was sich vegan so auf die Beine stellen lässt.«

Ich selbst war ein großer Fan der italienischen Spezialität, aß mit großem Appetit und füllte mir zu Sabines Freude mehrmals den Teller. Als ich mir das dritte mit knusprigem Parmaschinken gefüllte Kalbsschnitzel nahm, legte Babs demonstrativ ihr Besteck neben ihren Teller und wandte sich an mich.

»Es tut mir leid, aber mir wird langsam echt schlecht, wenn ich sehe, wie du dieses Kalb verschlingst.« Der Versuch, ihre verkrampfte Miene mit einem aufgesetzten Lächeln zu entschärfen, misslang. Vor Schreck ließ ich das Essen erst mal sein. Nie zuvor hatten wir untereinander unsere Ernährungsphilosophien thematisiert oder gar kritisiert.

»Wie könnt ihr nur alle mit solchem Genuss tote Tiere essen?«, fuhr Babs aufgeregt fort und blickte mit funkelnden Augen in die Runde. »Und das heutzutage!«

Sabine wurde hinsichtlich des Angriffs auf ihr aufwendiges Abendmenü ganz blass um die Nase, kippte ihren Wein in einem Zug hinunter und guckte besorgt in die Runde. Benno nahm sich völlig unbeeindruckt ein weiteres Stück Saltimbocca und kaute schweigend, auch Friedrich sagte kein Wort. Brisante Themen hatten wir bislang in dieser Runde immer elegant umschifft. Nun hatte Babs das Tabu gebrochen, und es schien, dass ihr eigener Mut sie gerade rechts überholt hatte. Nervös und mit rot leuchtendem Kopf stocherte sie in ihrem Risotto herum.

»Ich meine, Fleischverzehr ist doch total out, nicht mehr zeitgemäß. Klimawandel, Regenwald, Umweltschäden, ökologischer Fußabdruck, Treibhausgas, Kükenschreddern. Und habt ihr neulich die Reportage über die Fleischfabrik gesehen? Das ist doch grausam, widerlich.«

»Falls keiner was dagegen hat, esse ich das letzte Röllchen. Nicht, dass das Kalb noch umsonst gestorben ist«, verkündete ich in dem Versuch, mit einer Prise Galgenhumor den Abend zu retten. Vergeblich.

Ich kannte Friedrich schon Jahrzehnte und wusste, dass es

eine Weile dauert, um ihn aus der Reserve zu locken. Jetzt war es so weit. Er holte tief Luft, lud sein Wortwaffen-Arsenal und feuerte auf Babs: »Mir reicht es echt mit diesem Gequatsche, von wegen vegan sein ist so umweltbewusst. Weiß du eigentlich, was für eine Katastrophe dein Avocado-Konsum verursacht? Transportwege, CO_2-Emission, Waldrodung – es gibt mittlerweile sogar eine organisierte Avocado-Kriminalität in Mexiko. Schon mal was von ›Blutdiamanten‹ gehört? Und dein Sojawürstchen killt doch auch den Regenwald! Hast du eine Ahnung, wie viele Bäume sterben müssen, um all das Soja anzupflanzen? Und wenn ich gerade dabei bin: Ist ja toll, dass ihr zu Hause alle Bambus-Zahnbürsten benutzt, aber wie passt das zu eurem Geländewagen? Das ist doch die totale Benzinschleuder!«

Sabine hatte inzwischen ein weiteres Weinglas geleert, ihre Gesichtsfarbe zurückgewonnen, die leer gefegte Zündstoff-Fleischplatte abgeräumt und stellte, bevor Babs etwas entgegnen konnte, jedem von uns ein Schälchen vor die Nase. »Was Süßes – eine kleine kulinarische Friedenspfeife sozusagen, ja?«

Zum ersten Mal seit sechs Jahren waren wir empfindlich über unsere Unterschiedlichkeit gestolpert. Zu Syrienkrieg und Assad hatten wir eine Meinung gehabt: furchtbar. Und auch zur langen Bauzeit des neuen Flughafens in Berlin: lächerlich. Wie aber sollten wir mit dieser Situation umgehen, ohne den Abend zu sprengen oder gar unsere Freundschaft zu gefährden? Hieß es deswegen früher oft: »Über Politik spricht man nicht«? Schweigen zugunsten der Harmonie? Fühlte sich das richtig an?

Zum Glück kühlte Sabines frisches Ananas-Basilikum-Sorbet tatsächlich die Gemüter. Nachdem wir alle schweigend unser Dessert verputzt hatten, stieß Sabine an: auf unsere Freundschaft. Dann griffen wir die Themen noch einmal auf. Babs erzählte uns von der Schlachthof-Reportage, die ihr eine Woche lang schlaflose Nächte bereitet hatte. Und ich bat Friedrich, uns mehr von der Avocado-Mafia zu berichten und von den Ausmaßen der Umweltbelastung durch den Hype um die Superfrucht.

Als ich ein paar Stunden später im Bett lag, wurde mir klar, warum es nach einer kurzen Besinnungspause geklappt hatte mit der Diskussion: Weil wir es geschafft hatten, sachlich zu bleiben, dem anderen wirklich offen und neugierig zuzuhören, Schuldzuweisungen und Vorwürfe zu vermeiden und auf Belehrungen zu verzichten. Und so fühlte sich die Diskussion plötzlich ganz anders an. Vor allem ist mir klar geworden: Vielfältige Meinungen und Ideale erweitern meinen Horizont. Wo bliebe die Weiterentwicklung, wenn wir uns alle ununterbrochen nur gegenseitig auf die Schulter klopfen und in unserer Meinung bestätigen würden? Nach dem Abend habe ich viel über meinen Fleischkonsum nachgedacht und ihn stark eingeschränkt. Ich greife auch häufiger zu regionalem Gemüse statt zur exotischen Avocado. Und seit der Ermahnung meines Sohnes fahre ich tatsächlich meist mit dem Rad an die Elbe.

Allerdings setzt mein natürlicher Fluchtinstinkt ein, wenn ich Sätze höre wie: »Erderwärmung existiert nicht, Wärmephasen gab's schon immer.« Oder: »Die meisten Obdachlosen haben ihre Lebensform freiwillig gewählt.« Und: »Menschenhandel gibt's nur im Tatort…«

Es fällt mir auch schwer, den Austausch als bereichernd zu empfinden, wenn mich jemand überzeugen möchte, dass die Ernährung der Frutarier reichhaltig genug ist und der einzige Weg, um die Welt zu retten. Da folge ich gern meinem Instinkt und habe dafür immer eine Palette von Ausreden parat: »Es ist wahnsinnig spannend, euch zuzuhören, aber leider muss ich …

- … meinen Sohn vom Zahnarzt abholen.«
- … zu meiner Freundin. Ihr Mann hat sie verlassen, und sie braucht Trost.«
- … meiner Mutter helfen, sie ist verzweifelt, weil sie ihr Hörgerät nicht findet.«

Dann frage ich mich aber auch hin und wieder: Steckt nicht in jeder noch so extremen Meinung häufig auch ein kleines Fünkchen Wahrheit, das die Gedanken entzündet? Als ich etwa neulich Ada besuchte, erzählte sie mir, dass sie seit Jahren keinen Müll mehr trennt: »Das bringt sowieso nichts, Adrienne! Am Ende wird eh alles zusammengeschmissen.«

Spontan war ich wütend über ihre Ignoranz. Inzwischen weiß ja wohl jeder um die fünf großen Plastikmüllstrudel im Meer und die Gefahr, die davon ausgeht.

Auf dem Weg nach Hause wurde ich dann doch nachdenklich, begann zu recherchieren und las, dass Ada keineswegs allein mit ihren Zweifeln am Recycling dasteht. Und das zu Recht, denn ein großer Teil des Verpackungsmülls wird tatsächlich einfach verbrannt. Anschließend rief ich Ada an, und wir haben uns ausgetauscht über unsere Zweifel, Erkenntnisse und über die Forderung nach einem Wertstoffgesetz, das die Mülltrennung erleichtert.

Gesprächspartner aber, die jegliche Privatsphäre ignorieren, bremse ich neuerdings schon auf der Startlinie aus – und das mit großem Vergnügen. Neulich, im Restaurant, fragte mich zum Beispiel der Freund meines Freundes Jürgen, den ich noch nie vorher gesehen hatte: »Und? Wie viele Bücher hast du schon verkauft?«

Ich murmelte verlegen irgendwas von dritter Auflage, merkte aber, dass die Frage mir eigentlich viel zu persönlich war.

Er setzte nach: »Und was bedeutet das in Stückzahlen? Wie viel verdienst du daran?«

»Nicht genug, um eine Großfamilie zu ernähren«, antwortete ich ausweichend und hoffte, das Thema damit endlich beendet zu haben.

Fehlanzeige!

»Und wovon lebst du dann, wenn deine Einnahmen nicht reichen?«, setzte er nach.

Da reichte es mir endgültig. Lächelnd legte ich Messer und Gabel neben meinen Teller und blickte ihn süffisant an. »Bis letztes Jahr bin ich anschaffen gegangen …« Ich machte eine kleine Pause, um seinen erstaunten Gesichtsausdruck zu genießen. Dann fuhr ich fort: »Aber wie du dir sicher vorstellen kannst, werde ich langsam zu alt für das Geschäft, das wird mir echt zu stressig.«

Jürgen wäre fast vom Stuhl gefallen vor Lachen, und zwei Damen am Nebentisch drehten sich wie von der Tarantel gestochen zu mir um. Vermutlich wollten sie eine in die Jahre gekommene Autorin Schrägstrich Prostituierte in natura sehen. Jedenfalls: Den Mann hatte ich mundtot gemacht. Mit rotem Kopf konzentrierte er sich auf seine Filetstreifen und ließ mich in Ruhe.

Klar hätte ich auch sagen können: »Das ist mir jetzt zu privat.« Aber dieser Mann war einfach so unsensibel und penetrant, dass es mir riesigen Spaß machte, ihn auf diese Art zu bremsen.

Doch abgesehen von unbelehrbaren Grenzüberschreitern oder eingefleischten Verschwörungsfanatikern: Im Normalfall hat sich das Zuhören für mich bisher oft mehr gelohnt, als ich im ersten Moment für möglich gehalten hätte. Daher habe ich mir fest vorgenommen, weiter an meiner Gesprächskultur zu arbeiten. Ich werde künftig versuchen, mit der Geduld eines Frutariers, der auf das Reifen einer Mohrrübe wartet, meinem Gesprächspartner zu lauschen und nicht gleich mit vorschnellen Urteilen die Unterhaltung zu töten. Ich möchte neugierig bleiben und offen auch für Meinungen, die ich bislang nicht in Betracht gezogen habe, und keine K.-o.-Argument-Diät starten. Ich werde auch nicht hartnäckig wie ein Terrier, der sich im Hosenbein festbeißt, auf meinem Recht beharren.

Apropos beißende Terrier. Es gibt natürlich Themen, da existiert für mich definitiv keine zweite Meinung – Carlos Erziehung zum Beispiel. Manchmal werde ich von anderen Hundebesitzern gefragt, warum es mir so wichtig ist, dass er auf meine Kommandos hören muss wie ein Soldat beim Morgenappell: »Sitz, Platz, links, rechts, halt…«

»Fehlt da nicht die freie Entfaltung? Warum darf er nicht seine Hunde-Individualität ausleben?«

Böse Zungen behaupten, dass ich so streng bin, damit wenigstens einer im Haus meine Regeln befolgt. Ich aber sage: »Weil's einfach so ist. Basta!« Das ist bestimmt eine Killerphrase und gegen alle Gesprächsregeln – tut aber manchmal einfach auch enorm gut.

12

Wenn Männer stolpern: Von schweigenden Fischen und Fuckup-Nights

»Fehler sind die wunderbare Gelegenheit, neu anzufangen – nur intelligenter«, sagte Henry Ford. Im echten Leben aber fallen Männer in Depressionen oder flüchten vor der Familie, wenn sie auf der Karriereleiter abrutschen. Warum sind Schwäche, Scheitern und Erfolglosigkeit vor allem für Männer noch immer Tabuthemen? Und was kann man tun, um den Karrieresturz abzufedern?

Höher, weiter, stärker – kaum aus der Wiege geklettert, beginnen Jungs, ihre Kräfte zu messen. Sie feiern gern sich selbst, ihre Erfolge und stecken Niederlagen mit sportlicher Leichtigkeit weg, nach dem Motto: »No risk – no fun!«

Das habe ich auch bei meinen Söhnen schon sehr früh erlebt. Bei Jonah sogar am Tag seiner Taufe: Es war ein herrlicher Sonnentag im Mai. Nach dem feierlichen Gottesdienst wollten wir im Garten mit allen Gästen Kaffee trinken. Aufgeregt von all dem Trubel und dem Gefühl, im Mittelpunkt zu stehen, sprang der Täufling in weißem Hemd und blauem Jackett aufgekratzt auf sein neues Dreirad und stürzte sich damit die Steinstufen zur Terrasse hinunter. »Guckt mal, was ich kann!«, waren die letzten Worte, bevor er mit aufgeschlagener Nase und blutüberströmtem Gesicht vor den Gästen landete.

Nur eine Stunde später stand er mit Pflastern im Gesicht und einem wilden Funkeln in den Augen aufs Neue am Rand der Treppe. »Guckt mal, was ich kann…«

Für den zweiten Versuch hatte er das alte Bobbycar aus dem Schuppen geholt und kam heil auf der Terrasse an.

Er war gescheitert, hatte dazugelernt und war nun erfolgreich. Aufgeben war für ihn keine Option.

Für Jungs gehört das Scheitern also meist noch selbstverständlich zum Wachsen dazu und wird frei nach dem Henry-Ford-Zitat nicht als Misserfolg betrachtet, sondern als Hindernis, das es zu überwinden gilt, bevor die Belohnung kommt: der Erfolg. Ganz wie es in einem beliebten Mutmachspruch heißt: »Hinfallen, aufstehen, Krönchen richten, weitergehen!« Und der richtet sich im Grunde an Mädchen und Frauen.

Dabei haben Jungs es mit zunehmendem Alter und wachsenden Erwartungen häufig schwerer mit dem Krönchen-Richten. Ich kenne einige Klassenkameraden meiner Söhne, für die es nach der Grundschule keine Wahl gab, welche weiterführende Schule sie besuchen würden: Opa ging schon aufs Christianeum, der Vater ebenso, und zack, wird auch der Sohn, ganz unabhängig von seinen individuellen Fähigkeiten, am altsprachlichen Gymnasium angemeldet. Weiter geht es ein paar Jahre später mit der Studienwahl: Alle in der Familie haben Jura studiert, also…

Wechselt der Sohn nach zwei Semestern den Studiengang, weil er feststellt, dass Meeresbiologie besser zu ihm passt, ist

Holland in Not: »Ein Jahr umsonst studiert«, »Ein Jahr verloren«, »Der Junge ist gescheitert«, klagen Familie und Umfeld. Und sogar, wenn er selbst es als Offenbarung und Sieg empfindet, den eigenen Weg gefunden zu haben, hat er von seinen Eltern oder anderen Autoritätspersonen einen Stempel weg, der einen negativen Beigeschmack hinterlässt und ihn unbewusst beeinflusst.

Der Leistungsdruck in unserer Gesellschaft ist enorm: Mein Haus, mein Auto, mein Boot… Wer klettert schneller die Karriereleiter empor? Selbstoptimierung und Ehrgeiz sind dabei der Schlüssel zum Erfolg. Und dazu passen dann irgendwann leider kein Ausprobieren und kein Neustart mehr. Wer auf einer Stufe einbricht, muss zack, zack die nächsten zwei überspringen, um mitzuhalten. Dabei ist doch eigentlich klar: Egal ob Stürze mit dem Dreirad, ein vergeigtes Abi oder eine Kündigung aus heiterem Himmel – mit keiner Versicherung der Welt kann man sich vor dem Scheitern schützen. Und das betrifft uns alle, wie jedem klar sein sollte. Trotzdem heißt es, wenn es mit der Karriereplanung nicht klappt, schnell: »Hast du gesehen? Bei Familie X steht jetzt nur noch ein Smart vor der Tür. Ich habe gehört, dass *er* seinen Job verloren hat. Ob die ihr Haus wohl halten können? Der SUV ist schon weg… Haben wir ja gleich geahnt, dass das schiefgehen kann mit dem neuen Managerjob. Tja, das kommt davon…«

Dieses Thema ist mir selbst nur allzu bekannt. Immer wieder musste ich mir zweifelnde Kommentare von Beobachtern meiner eigenen »Job-Versuchsreihe« anhören. Doch in diesem Kapitel soll es ja um die Männer gehen.

»Ein Mann, der scheitert, ist oft wie ein angefahrenes Tier. Er wehrt sich mit aller Gewalt gegen jegliche Hilfe und flüchtet so weit ihn seine gebrochenen Beine tragen«, schreibt Matthias Starte auf seinem Blog »Zeitjung«.

Und weiter: »Gibt es keine Frau in seinem Leben, die mindestens die Qualitäten eines Pferdeflüsterers besitzt, droht er auf irgendeiner Lichtung kraftlos zu verenden. Oder auf einem Sofa mit Bier und Netflix.«

Aber oft ist die Frau eben leider keine Pferdeflüsterin, sondern selbst völlig verunsichert. Oder sie gerät, statt ihn zu beruhigen und zu ermutigen, sogar in Panik: »Was wird aus den geschmiedeten Lebensplänen? Können wir uns den Urlaub überhaupt noch leisten? Müssen wir für einen neuen Job umziehen? Aber die Kinder haben hier so tolle Freunde gefunden… Und was ist mit meinem Halbtagsjob? Ich will den behalten! Müssen wir eine Fernbeziehung führen oder werden uns am Ende trennen?« Auch Bedenken wie »Was sollen die Leute denken?« sind wenig hilfreich für den sowieso schon verzweifelten Mann.

Kein Wunder also, dass viele in Not geratene Männer so lange wie irgend möglich schweigen. Sie ignorieren die Zeichen, verdrängen das nahende Misslingen, um die Partnerin und die Familie vor Sorgen zu schützen oder weil sie Angst haben, die Partnerin zu verlieren. Ich kenne mehrere Männer, die aus dem kleinsten Schnupfen ein Drama machen, aber wenn sie wirklich Angst haben, dass es etwas Ernstes sein könnte, gehen sie heimlich zum Arzt. Die Familie soll sich keine Gedanken machen

Es gibt fürchterlich traurige Geschichten von Männern,

die monatelang im Anzug und mit Aktenkoffer das Haus verlassen und dann den ganzen Tag in Cafés sitzen, weil sie sich nicht trauen, zu Hause von ihrem Jobverlust zu erzählen. Von einem besonders tragischen Fall erfuhr ich im Bekanntenkreis: Olaf war als Trockenbauer in Schleswig-Holstein in Lohn und Brot und hatte sein Auskommen. Als er Petra kennenlernte, verliebten die beiden sich und zogen sofort zusammen. Schon bald war Petra schwanger. Die beiden schmiedeten große Pläne für die Zukunft. Pläne, für die der Lohn als Trockenbauer nicht gereicht hätte. Olaf machte eine Umschulung zum Finanzberater und versuchte, in diesem neuen Feld Fuß zu fassen. Ein halbes Jahr lief alles ganz gut. Olaf hatte Anfängerglück, konnte ein paar Versicherungen und Anlagemodelle vermitteln. Die Familie zog in ein größeres Haus, kaufte ein teureres Auto und genoss den sich anbahnenden Luxus. Aber dann ging es plötzlich nicht mehr so recht weiter. Die ersten Schwierigkeiten tauchten auf, geplatzte Verträge, die Olaf verheimlichte, um Petra nicht zu enttäuschen. Mehr und mehr rutschte sein Konto in die Miesen. Schließlich fälschte er Dokumente, um das Geld von Anlegern zu veruntreuen und den Lebensstandard aufrechtzuerhalten. Irgendwann platzte die Blase. Olaf wurde wegen Betrugs angeklagt und landete sogar im Gefängnis. Als er nach einem Jahr entlassen wurde, verließ er Schleswig-Holstein, tauchte komplett ab und meldete sich niemals wieder bei seiner Frau oder seiner Tochter. Zurück blieb eine traumatisierte Familie im finanziellen Ruin. Wie furchtbar!

Ähnliche Geschichten hört man von Frauen selten. Auch ich dachte spontan: Das würde mir nie passieren!

Warum ich mir da so sicher war? Vielleicht, weil ich mich auskenne mit beruflichem und finanziellem Chaos. Es gab Zeiten, in denen auch ich vorübergehend die berufliche Orientierung aus den Augen verloren hatte und das Geld extrem knapp war. Einmal war es kurzfristig so eng, dass ich fürchtete, die nächste Miete nicht zahlen zu können. Ich blätterte durch die Zeitung, um in den Stellenanzeigen nach einem Mutter-kompatiblen Job zu suchen, und meldete mich kurz entschlossen bei einer Promotion-Agentur. Die brauchte von Messepersonal bis zu Sportveranstaltungen per sofort Leute. Ich sah mich bereits an den kinderfreien Wochenenden in hübscher Uniform dekorativ an einem schicken Messestand stehen. Stattdessen landete ich in einem ganz anderen Job: Es wurden dringend Aushilfen gesucht, die in einer Über-Nacht-Aktion in etwa hundert Telefonzellen Informationszettel der Telefongesellschaft aufhängten. Kein Geld, keine Wahl …

Kurzerhand fragte ich meine Mutter, ob sie bei uns schlafen und auf die Jungs aufpassen könne. Um 19 Uhr machte ich mich auf den Weg. Erst holte ich am Rande von Bergedorf die Kisten mit den Infozetteln ab, dann fuhr ich kreuz und quer durch Hamburg, suchte nach abgelegenen Telefonzellen im stockdunklen Volkspark und anderen düsteren Gegenden, in denen sich keine vernünftige Frau bei Nacht aufhalten würde. Jedes Rascheln im Gebüsch, jedes Kaninchen, das über den Waldweg flitzte, jedes Auto, das mir auf den einsamen Straßen begegnete, verursachte mir Gänsehaut. Szenarien aus *Aktenzeichen XY* tauchten vor meinem inneren Auge auf: »Die junge Mutter wurde zuletzt gesehen, als sie am Friedhof Diebsteich aus ihrem Fiat Punto stieg …«

Zum Glück hatte ich Carlos Vorgänger-Hund mitgenommen, der mich die Nacht über begleitete. Das war gut, bot aber keine absolute Sicherheit: Mit einem Stück Salami hätte vermutlich jeder beliebige Frauenmörder die kleine Fressmaschine von der Rückbank locken können.

Das Schlimmste, was dann aber passierte, war, dass ich mich, damals noch ohne Navi, zigmal auf meinen Wegen verfuhr. Morgens um fünf Uhr fiel ich schließlich erschöpft ins Bett.

Kein Job, der sich im Lebenslauf gut gemacht hätte oder gar Potenzial gehabt hätte, damit zu prahlen. Aber er rettete damals mein Monatsbudget. Und ich erzählte gern zur Unterhaltung im Freundeskreis von diesem unkonventionellen Nachteinsatz. Keine Sekunde wäre ich auf die Idee gekommen, mich dabei als »Loser« zu fühlen oder mich dafür zu schämen.

Vielleicht ist das so, weil mein Lebensgefühl und mein Selbstbild durch so viele verschiedene Facetten geprägt werden: Ich bin Mutter, Hausfrau, Familienmanagerin, Spontanlösungen-Finderin, Abenteurerin, Geliebte, Leseratte, verlässliche Freundin, Kinder-glücklich-und-sauer-Macherin, Reisejournalistin, Glossenschreiberin, Sachbuchautorin, Schnellköchin, Hundeliebhaberin, Joggerin ... Würde ich länger darüber nachdenken, würden mir wahrscheinlich noch mehr Dinge einfallen, die ich ganz gut kann und gerne mag. Und aus jeder dieser Rollen und Fähigkeiten ziehe ich mein Selbstwertgefühl. Hätte ich mich je ausschließlich über meine Jobs definiert – oje.

Wie kann es nur sein, dass Olaf keinen Weg sah und so

lange schwieg, bis alles in einer Katastrophe endete? Für dieses Buch fragte ich meinen Freund Thomas Roth. Er ist Psychologe und Paartherapeut und hat mir schon in vielen Situationen die Welt erklärt. »Männer scheitern anders als Frauen«, erzählte er mir. »Sie scheitern nicht partiell, sondern lange nicht, aber dann ganz und gar. Männer verdrängen häufig die Zeichen, die das Unheil ankündigen. Und sie bitten nicht um Hilfe, das ist die eigentliche und fatale Schwäche. Es passt einfach nicht in ihr Selbstbild, Schwäche zu zeigen. Sie glauben: Ein Mann ist stark, ein Mann muss immer seinen Mann stehen, die Familie ernähren. Viele Männer sind auch heute noch fest verhaftet in dieser Rolle.«

Durch Thomas' Erklärung wurde mir noch mal klarer, warum für Männer eine Niederlage im Job einer kompletten Vernichtung gleichkommt, warum sie aus Angst vor dem Gesichtsverlust in eine Sinnkrise geraten oder wie Olaf fliehen. Zumindest in Deutschland. In einigen anderen Ländern wird mit einem ungeraden Lebensweg oder mit flexiblen Karriere-Ideen viel entspannter umgegangen als bei uns. In den USA gilt es als völlig normal, nach einer gescheiterten Idee einen Neustart in eine andere Richtung zu wagen.

Vor einigen Jahren holte ich meinen Sohn Juri nach dem Auslandsjahr in Neuseeland ab. Vor der Rückkehr reisten wir gemeinsam drei Wochen durchs Land. Gleich am ersten Tag sagte er mir: »Du wirst dich wundern, wie freundlich die Menschen alle zueinander sind.« Und fügte hinzu: »Hier kümmert es niemanden, ob und womit jemand sein Geld verdient.« Ich war überrascht, wie bewusst ihm das typisch deutsche Muster war.

Während der Reise über die beiden Neuseeland-Inseln übernachteten wir bei Familien und wechselten häufig die Unterkunft. Und ich erlebte, was Juri mir erzählt hatte: Deans Café hat nicht funktioniert? Interessant. Jetzt hilft er beim Schafscheren oder der Kiwi-Ernte. Man denkt um und versucht sich neu. Alles egal, solange man sich am Abend am Strand zum Surfen trifft. Als gescheitert würde sich in Neuseeland vermutlich nur der empfinden, der vor lauter Arbeit nicht mehr mit seinem Board an den Strand kommt oder zum Biken oder Wandern in die Berge.

Scheitern ist ja überhaupt eine höchst subjektive und individuelle Geschichte, je nachdem, was wir uns als persönliches Ziel gesetzt haben: Ist eine Ehe gescheitert, wenn die Partner nach zwanzig gemeinsamen Jahren auseinandergehen, weil nun jeder in eine andere Richtung aufbrechen möchte? Oder war sie erfolgreich? Vielleicht, weil das Paar in einem Fünfteljahrhundert zwei Kinder auf das Leben vorbereitet hat? Oder weil beide in der Ehe viel über sich gelernt haben, darüber, wer sie wirklich sind, was sie können und wollen?

Ist der Hobbysegler gescheitert, der immer von einer Weltumrundung geträumt hat, sich aber letzten Endes entschloss, stattdessen Jahr um Jahr auf der Ostsee herumzuschippern, um seinen fünf Kindern das Segeln beizubringen? Und was würde ich am Ende meines Lebens als mein persönliches Scheitern betrachten? Mit meinem Schulabbruch habe ich zugegebenermaßen sehr lange gehadert. Meine Galvaniseur-Ausbildung habe ich ebenfalls nicht beendet, weil ich schnell erkannte, dass ich für das Handwerk so wenig geeignet bin wie Pferde zum Fliegen. Meine diversen Kellnerjobs und auch das Telefonzellenbekleben waren keineswegs Sprossen auf einer Karriereleiter. Aber sie haben mir die Sicherheit vermittelt, dass ich mich immer über Wasser halten kann. Als Scheitern würde ich daher keinen dieser Schritte bezeichnen. Was also wäre wirklich der emotionale Todesstoß für mich?

Ich gebe zu, dass ich trotz aller beruflichen Ambitionen und Leidenschaft ein Scheitern als Mutter als schlimmste Niederlage meines (Frauen-)Lebens bezeichnen würde. Wird eine lang geplante Reisereportage gecancelt, schade. Das neue Buch ein Flop: traurig, sehr sogar. Doch nach einigen Wochen wäre die Enttäuschung wieder vergessen, das weiß ich aus Erfahrung. Dann starte ich eben in die nächste Projektplanung. Aber wenn ich meinen Söhnen nicht das vermitteln und mit auf den Weg geben könnte, was mir wichtig ist im Leben – die Sicherheit, Geborgenheit und den Wert einer Familie, die Fähigkeit zu lieben, das Selbstbewusstsein, mutig in die Welt hinauszugehen –, oder wenn sie sich gar abwenden würden von mir, dann weiß ich nicht, ob ich je mit dieser schmerzenden Katastrophe umgehen könnte. Der Mutterjob ist trotz allem beruflichen Ehrgeiz die Rolle, über die ich meinen Erfolg am stärksten definiere, so wie manche Männer eben die Rolle des Ernährers.

Tja, trotz aller Gleichberechtigungsbestrebungen haben Frauen es beruflich noch immer schwerer, werden schlechter bezahlt für gleiche Arbeit, müssen mehr kämpfen, um in die Chefetage zu kommen. Aber wenn es um Stürze von der Karriereleiter geht, sind wir im Vorteil. Mit unserem »Scheitern«

wird meist großzügiger umgegangen, weil die Gesellschaft uns in verschiedenen Rollen akzeptiert.

Ich kenne Frauen, die viele Jahre BWL, Jura oder Medizin studiert, als Lehrerin oder Erzieherin gearbeitet haben. Nach der Kinderpause in den Beruf zurückzukehren ist für sie fast so aussichtslos wie die Idee, mit sechzig noch Profisportlerin zu werden. Was tun diese Frauen? Sie arbeiten als Schulsekretärin, Verkäuferin in einer Boutique, als Aushilfe im Büro oder machen sich selbstständig: mit einer Nähschule, einem Büro-Service, mit einem Schnullerketten-Online-Versand, als Fachlektorin für medizinische Texte... Und keiner zerreißt sich das Maul darüber, warum die ehemalige Juristin jetzt Kleider verkauft. So jedenfalls war es früher. Heute teilen sich viele Paare die Kindererziehung, und beide üben ihren Job aus. Trotzdem schlagen Männer beim Sturz von der Karriereleiter noch immer härter auf.

Traditionelle Rollenmuster hinter sich zu lassen, scheint ein langer Weg zu sein, egal wie veraltet und überholt die Muster sind. Und natürlich ist Scheitern nicht gleich Scheitern. Es ist noch mal ein Unterschied, ob ich am Durchhalten meines Diätplans gescheitert bin oder ob mein ganzer Lebensentwurf geplatzt und die Existenz der Familie in Gefahr ist. Da muss man schon ein übermenschlicher Lebenskünstler sein, um das Scheitern als »wunderbare Gelegenheit für einen Neuanfang« zu sehen.

Schwäche zeigen ist für Männer ein Tabu, wie ich von Thomas weiß. Natürlich, niemand zeigt gern Schwächen, denn sie sind rein biologisch eine Einladung zum Gefressen-Werden, früher real, heute sozial. Trotzdem haben Frauen deutlich weniger Probleme damit, sind offener für Rat und Unterstützung. Oft arbeiten sie auch selbstkritischer an ihren eigenen Fehlern.

Treffen Männer hingegen beruflich aufeinander, wetteifern sie schnell, wie gut es im Job läuft. Es sei schwer, mit Männern über Dinge zu reden, die man nicht kaufen kann, sagte Fußballspieler Neven Subotić im Blaue-Couch-Interview.

Welcher Mann würde in einer Runde erfolgreicher Kollegen etwa zugeben: »Ich bin eher der unsichere Typ. Neulich habe ich deshalb bei einer Präsentation versagt. Ich glaube, ich bin nicht für die Führungsposition geeignet«? Oder: »Ich verdiene zwar weniger als meine Frau und bleibe deshalb zu Hause, aber dafür bin ich ein guter Vater, und übrigens: Ich kann auch viel besser kochen als sie.«

Ich fragte meinen Freund Jürgen: »Was würdest du tun, wenn du morgen deinen Job verlieren würdest? Und was würde dir helfen?«

Er dachte einen Moment nach, dann sagte er: »Ich würde mich auf meine ursprünglichen Fähigkeiten besinnen und überlegen, was ich damit auf die Beine stellen kann. Und ich würde mir von Freunden und meiner Partnerin wünschen, dass sie mir dabei helfen, statt noch tiefer in die Wunde zu drücken mit Fragen wie: ›Wie konnte denn das passieren?‹ Oder: ›Und wie sind denn so die Rückmeldungen auf deine Bewerbungen?‹«

Ich nickte, und wir schwiegen einträchtig, bis ihm noch etwas einfiel: »Ich würde mir wünschen, dass sie mit mir gemeinsam Ursachen und Lösungen suchen, ohne dass ich mein Gesicht verliere und mir vorkomme wie ein Versager …«

Was hätte Olaf gebraucht? Vielleicht Freunde und eine Familie, die ihn an seine Qualitäten und Fähigkeiten erinnerten, die ihm ohne Vorwürfe die Tür geöffnet hätten zur Rückkehr in seinen Job als Trockenbauer.

Verständnis, Geduld, Zuversicht und der Glaube an die Fähigkeiten des Partners sind eine große Unterstützung, um wieder auf die Beine zu kommen. Aber welches Schiff in Seenot wird gerettet, ohne dass es vorher einen Hilferuf absetzt?

Wie gut das Offenbaren von Schwächen tun kann, haben vor einigen Jahren ein paar Männer in Mexiko festgestellt. Nachdem die Drinks ihre Zunge gelockert hatten, trauten sie sich, untereinander über ihr unternehmerisches Scheitern zu reden, und erkannten, wie gut ihnen diese Gespräche taten. Und schwups, kreierten sie daraus ein Konzept, das mittlerweile weltweit in über hundert Städten stattfindet – die »Fuckup Nights«. »Lerne aus den Fehlern der anderen und akzeptiere deine eigenen«, lautet das Motto. Bei jedem Treffen werden Sprecher eingeladen, die etwa zehn Minuten ehrlich und vor allem öffentlich von persönlichen und beruflichen Fehlern berichten. Auf den Vortrag folgt der Austausch mit dem Publikum. So versuchen die »Fuckupper« andere vor dem bösen Erwachen zu schützen, ihnen zu vermitteln, dass Scheitern zum Erfolg gehört und dass Rückschläge auch stärken können.

Mit Anfang zwanzig, ich arbeitete gerade als Redaktionssekretärin bei einer Frauenzeitschrift, kam eines Tages eine berühmte Astrologin in die Redaktion. Und weil wir uns auf Anhieb sympathisch waren, bot sie mir an, mein Lebenshoroskop zu machen. Die Sprachkassette habe ich noch heute. Ihre spannendste Aussage für mich – und das war Jahre vor dem Telefonzellenbekleben: »Manche Menschen nehmen den geraden Weg, sie steigen in Hamburg in ein Flugzeug und steigen eine Stunde später in München aus. Du machst dich mit dem Fahrrad auf den Weg. Biegst mal hier und mal da ab. Hast Pannen, fährst Umwege, aber dann kommst du auch in München an. Die Frage: Wer hat mehr erlebt und gelernt?«

Vielleicht entspricht ein neuer Job nicht den Qualifikationen und bringt ein geringeres Gehalt aufs Konto, aber er schenkt womöglich zum ersten Mal im Arbeitsleben Zeit für die Partnerin und Zeit, um die Kinder beim Aufwachsen zu erleben. Und wer weiß, vielleicht entstehen dabei geniale Ideen für einen Neustart.

Bei der Studie »Gute Fehler, schlechte Fehler« von der Universität Hohenheim zeigte sich, dass berufliches Scheitern eher von jüngeren als von älteren Menschen akzeptiert wird. Das lässt hoffen. Dann gibt es demnächst vielleicht auch »Hinfallen, aufstehen, Krönchen richten, weitergehen«-Postkarten oder Kaffeebecher mit stolzen Männern im Königsgewand darauf, die eine dicke, fette Krone tragen.

Auf dem Weg, meine Berufung zu finden, waren einige Umwege nicht nur erfolglos, sondern sogar gefährlich. Zum Beispiel der Schlenker, bei dem ich beinahe mit einem Lastwagen kollidiert wäre – mit einer Kutsche voll angetrunkener Männer! Es passierte während der Zeit, als ich auf einem Reiterhof arbeitete. Ein Sommer, in dem ich mich auf meine Karriere als Reitlehrerin einstimmen wollte, nachdem ich die Schule geschmissen hatte. Eigentlich war es mein Job auf dem Reiterhof, Kinder zu unterrichten. Aber an einem sonnigen Maimorgen bekam ich die Aufgabe zugeteilt, mit einer Gruppe von Männern eine zweistündige Planwagen-Kutschfahrt zu unternehmen. Ich hatte zwar wenig Kutschererfahrung, aber mein Cowgirl-Blut in den Adern ließ mich nicht eine Sekunde an meinen Fähigkeiten zweifeln. Und es lief auch wie am Schnürchen – zunächst. Ein ermunterndes Klatschen mit den Zügeln aufs Hinterteil, kurz geschnalzt, und schon trabten die beiden Braunen brav vom Hof. Kinderspiel!

Während ich zufrieden auf dem Kutschbock saß und die Pferde friedlich durch die Landschaft trabten, machten sich die Männer über den Bierkasten her, ließen die Schnapsflasche kreisen, lachten, sangen, grölten und genossen die Fahrt. Alles lief wie geschnürt – bis uns ein Trecker mit Anhänger entgegenkam. Man sollte meinen, dass Kutschpferde an Straßenverkehr gewohnt sind, aber wer weiß, was an diesem Morgen unter der schwarzen Mähne los war. Auf jeden Fall explodierten die beiden synchron, sprangen panisch zur Seite, warfen sich ins Geschirr und rasten unkontrolliert davon. Mit Mühe gelang es mir, die durchgehenden Pferde vom Grünstreifen zurück auf die Fahrbahn zu lenken, aber nicht, sie zu bremsen. Im gestreckten Galopp donnerten sie die Landstraße entlang. Alle beruhigenden »Brrrs« und »Ho-Hos« verfehlten vollkommen ihre Wirkung. Ich bekam das Gespann nicht unter Kontrolle. In Westernfilmen vollführt der Kutscher in einer solchen Situation einen waghalsigen Sprung vom Bock auf den Rücken des rennenden Pferdes, um das Gespann zu bremsen. Was tun?

Die angetrunkenen Männer klatschten – nicht ahnend, in welcher Lebensgefahr wir uns befanden – vor Vergnügen in die Hände. »Wow! Jetzt geht's richtig los. Gib Gas, Mädel!« An der nächsten Vorfahrtsstraße verfehlten wir um Haaresbreite einen Laster. Zum Glück konnte der geistesgegenwärtige Fahrer im letzten Moment bremsen. Dann plötzlich fielen die Pferde wie auf ein geheimes Zeichen wieder in einen ruhigen Trab zurück. Eine halbe Stunde später erreichten wir den Hof. Begeistert bedankten sich die Männer für das tolle Abenteuer, während ich mit zitternden Knien froh war, wieder festen Boden unter den Füßen zu haben. Bis zum Ende des Sommers kriegten mich keine zehn Pferde mehr auf den Kutschbock. Danach zog ich zurück in die Stadt und suchte mir einen Ausbildungsplatz in einem sicheren Büro.

Wenn ich meine Biografie so betrachte, ist diese alles andere als linear oder makellos. Aber heute habe ich das Gefühl, dass, mit Abstand betrachtet, am Ende eben doch – fast – alles zusammenpasst und die Umwege und Sackgassen einen Sinn ergeben. Sie haben mich stark gemacht, und ich habe gelernt: Egal womit ich scheitere, ich werde überleben, denn mir wird sicher etwas einfallen, um wieder auf die Beine zu kommen und neu zu starten.

13

Geheimakte Gehalt: Warum Gärtner die besseren Menschen sind

Wie viel verdient wohl meine Kollegin? Was hat der schicke Mantel der Nachbarin gekostet? Und wieso können sich die Meyers so ein teures Auto leisten? Wir Deutschen würden vermutlich eher eine Krakauer im Stück verschlucken, als unseren Kontostand preiszugeben. Warum ist das so? Reden nur Angeber über Geld?

Als ich im Sommer 2020 meine Freundin Ada besuchte, lag ihre Gehaltsabrechnung auf dem Küchentisch. Peinlich berührt guckte ich sofort in die andere Richtung, fühlte mich aber trotzdem wie ein Voyeur, den man auf frischer Tat ertappt hatte.

»Über Geld spricht man nicht!« Auch das hatte meine Mutter mir von klein auf eingebläut. Dieses Tabu war derart tabu, dass ich nie auf die Idee gekommen wäre, nach dem Grund zu fragen, und sie nie auf die Idee, es mir zu erklären. Bis gestern. Da rief ich sie an und hakte nach. Offenbar regte ich sie damit auf.

»Warum man nicht über Geld spricht? Was für eine Frage! Ich habe dir doch beigebracht: Über Alter, Krankheit, Geld spricht man nicht – genau in dieser Reihenfolge.«

Hmmm... Irgendwie brachte mich diese Aussage dem Ursprung der Regel nicht näher. Also setzte ich noch einmal an: »Warum, denkst du, gibt es diese Regel?«

»Ach, Kind!«

Jetzt fühlte ich mich tatsächlich wie eine begriffsstutzige Fünfjährige.

»Geld hat man, oder man hat es nicht. Basta!«, fuhr meine Mutter fort. »Darüber zu sprechen ist trivial, banal, Zeitverschwendung. Leute, die über Geld reden, kannst du gleich vergessen.« Nach einer kurzen Pause fügte sie hinzu: »Neulich hatte ich ein nettes Schwätzchen mit dem jungen Gärtner, der hier in der Anlage alles immer so schön in Ordnung bringt. Also Gärtner, Kind, das sind wirklich besondere Menschen. Sie sprechen über Pflanzen, Blumen, sie lieben die Natur. Da erwähnt keiner das Thema Geld. Auch Förster sind tolle Männer...« Ich gab auf.

Geld ist anscheinend nicht nur Privatsache, sondern für viele Menschen ein mentaler Hochsicherheitstrakt. Aber nicht für alle. In den USA etwa gehört die fröhliche Plauderei übers Einkommen zum Small Talk dazu. Die Frage »Und was machen Sie im Schnitt so als Jahresgewinn?« wäre für uns Deutsche jedoch ein No-Go ersten Grades. Ungefähr auf einer Stufe mit: »Welche Dessous tragen Sie denn am liebsten unter Ihrem hübschen Kleid?«

Umfragen belegen, dass sich die Mehrheit der Deutschen über ihre Finanzen ausschweigt. Die Regel »Über Geld spricht man nicht« ist ebenso fest verankert wie die, vor einer roten Ampel stehen zu bleiben. Warum? Generell werden wir von Jahrzehnt zu Jahrzehnt offener. In den Sechzigerjahren ging in Filmen wie *Bettgeflüster* mit Doris Day und Rock Hudson die Schlafzimmertür zu, wenn es privat wurde, und alles Weitere blieb der Fantasie überlassen. Sechzig Jahre später dürfen wir wie bei *Fifty Shades of Grey* im Grunde auf der Bettkante der Schauspieler sitzen. Was für eine Entwicklung! Wenn wir zum Thema Geld ab jetzt im selben Tempo wie bisher weitermachen, werden meine Urenkel sich möglicherweise frei über ihre Gehälter austauschen.

Dabei weiß ich gar nicht, was für uns Deutsche eigentlich schwieriger ist: die Frage nach dem Einkommen zu stellen, sie zu beantworten, oder mit der Antwort umzugehen? Mal angenommen, ein Freund erzählt, dass er 10.000 Euro im Monat verdient. »Lucky you!« In Amerika würde er Anerkennung für seine Leistung und das hohe Einkommen ernten, und sicher würde der eine oder andere interessiert nachfragen, um Informationen und Inspirationen für den eigenen Weg zu gewinnen. Wer ein höheres Gehalt bekommt, arbeitet auch härter, leistet mehr und hat deshalb die bessere Bezahlung verdient – so die gängige Sicht in den USA. Besserverdiener ernten keinen Neid, denn sie spornen ihr Gegenüber an. Die Grundidee »Wenn die das geschafft hat, dann kriege ich das auch hin!« spiegelt die Lebenseinstellung im Land der unbegrenzten Möglichkeiten: vom Tellerwäscher zum Millionär.

Bei uns funktioniert das so nicht immer. Wer wenig verdient, schämt sich schnell gegenüber dem Besserverdienenden. Dieser wiederum schweigt, weil er keinen Neid auf sich ziehen möchte. Und auch gehaltstechnisch geht es bei uns oft unfair zu: Eine frisch abgeworbene Führungskraft bekommt in einer Firma zum Beispiel ein höheres Gehalt als Kollegen mit gleicher Qualifikation, die in der Firma »groß geworden« sind und bei denen längst klar ist, was sie leisten. Das transparent zu machen, würde zu Unfrieden führen. Aber in den Fällen, in denen die unterschiedliche Höhe des Gehalts nachvollziehbar und zu verstehen ist, würde Transparenz bestimmt helfen, oder? Ich fände es toll, würde man mir erklären, durch welche Leistung die Kollegin mehr verdient und welche Fortbildung mir helfen könnte, eine bessere Gehaltsklasse zu erreichen.

Mit dem Geld ist es schon eine komische Geschichte: Obwohl wir alle täglich damit zu tun haben – wir zahlen Miete, planen Urlaube, kaufen Klamotten –, darf es nicht zu sehr thematisiert werden. Und doch ist es von hohem Interesse.

Als ich meiner Mutter von meinem ersten Freund erzählte, war sie nicht etwa an seiner Augenfarbe oder seinem Fußballtalent interessiert. Sie wollte nicht mal wissen, warum ich mich in ihn verliebt hatte. Ihre erste Frage lautete: »Was machen seine Eltern?« Selbst heute, Jahrzehnte später, fragt sie, sobald ich ihr von einem Mann in meinem Leben erzähle: »Und was macht er beruflich?«

Sicher gehört der Beruf in unserer Kultur zu den allgemeinen Small-Talk-Themen, aber ich bin überzeugt, die Motivation meiner Mutter war eher zu prüfen, ob der Beruf des Mannes auch dazu tauge, ihre Tochter zu ernähren.

Dabei bin ich bereits jenseits der fünfzig und kann für meinen Lebensunterhalt gut selbst aufkommen. Erfolgreich ist in ihrer Welt, wer einen anerkannten Beruf ausübt und damit ein »vernünftiges Gehalt« nach Hause bringt. Sogar in ihrer Seniorenresidenz durchleuchtet meine Mutter die berufliche Karriere ihrer Mitbewohner, auch wenn diese bei den Herren über achtzig längst Geschichte ist. Ärzte stehen bei ihr ganz oben auf der Liste, noch vor den Gärtnern... Ob sie vielleicht doch mit jemandem heimlich über ihre Krankheiten sprechen will?

Wie auch immer: Noch bevor meine Söhne in die Grundschule kamen, hatten sie bereits von ihrer Großmutter gelernt, dass es ein kalendarisches und ein biologisches Alter gibt und dass ihre Großmutter in dritter Ehe beinahe einen Arzt geheiratet hätte. Leider ist der gute Doktor kurz nach dem Werben um sie aufgrund seines hohen biologischen Alters verstorben. Die Idee allerdings ist nicht aus der Welt. Letzte Woche rief sie mich aufgeregt an: »Ich habe die halbe Nacht wach gelegen, weil ich über dein Leben nachgedacht habe. Weißt du, was ich an deiner Stelle machen würde?« Bevor ich auch nur eine Sekunde darüber nachdenken konnte, worum es wohl diesmal ging, platzte es schon aus ihr heraus: »Wie wäre es, wenn du in deiner neuen Wohnung ein Zimmer an einen Arzt untervermieten würdest...«

In Ordnung sind für meine Mutter allerdings auch Juristen, wohlhabende Unternehmer oder Politiker, solange sie »ihrer« Partei angehören. Aber ob die alle bei mir im Souterrain im Gästezimmer einziehen wollen?

Hmmm... Geld macht also den heiratstauglichen Mann? In wie vielen Köpfen, außer dem meiner Mutter, ist das noch so?

Dabei gibt es doch so viele Sprichwörter, die uns auf den

Pfad der wahren Werte zurückführen sollen: »Geld verdirbt den Charakter«, »Geld allein macht auch nicht glücklich« oder »Ein guter Ruf ist mehr wert als Geld«. Andererseits würde wohl kaum jemand eine Gehaltserhöhung ablehnen. Und Millionen Menschen träumen vom Lottogewinn. Dennoch scheint es bei uns einfacher zuzugeben, dass man vom flotten Dreier träumt, als zu verkünden: »Geld ist mir sehr wichtig im Leben, ich strebe nach einem hohen Einkommen und einem Leben in Luxus.« Sparen gilt als große Tugend, aber wer schließlich einen Batzen Geld angehäuft hat, wird als materialistisch verurteilt. Und wer immerzu spart und so wenig Geld wie möglich ausgibt, gilt als geizig. Wer jedoch vergnügt sein Geld auf den Kopf haut, bekommt das Etikett verschwenderisch. Was denn nun?

»Show, don't tell« heißt eine Regel, die in allen Schreibratgebern zu finden ist. Sie besagt, dass der Autor beispielsweise den Charakter einer Figur nicht beschreiben und damit nur behaupten soll, wie sie ist, sondern dass er sie über Handlung und Dialog lebendig werden lässt, sodass sich die Figur beim Lesen Stück für Stück aufblättert. Ganz ähnlich ist es für mich mit »Über Geld spricht man nicht«. Es schickt sich nicht, ungefragt zu erzählen: »Ich habe ein sechsstelliges Jahresgehalt«, aber es scheint keineswegs tabu, Wohlstand durch teure Autos und Villen zu präsentieren. Da muss ich als Hamburgerin nur mal morgens zur Rushhour die Luxusautos zählen, die entlang der Villen in Richtung Innenstadtbüros fahren.

Wenn wir mit offenen Augen durchs Leben gehen und nach rechts und links gucken, werden wir unentwegt Menschen entdecken, die mehr verdienen, sich das Traumauto, den teureren Urlaub, die komfortablere Wohnung leisten können. So ist das nun einmal in einer freien Wirtschaft. Wir können deswegen vor Gram Falten kriegen oder es entspannt hinnehmen. Wie es ist, wenn andere mehr haben oder bekommen, wurde bei uns zu Hause zum ersten Mal an einem Ostermorgen Thema. Meine Jungs, damals sechs und vier Jahre alt, liefen im Pyjama vergnügt auf Eiersuche durch den Garten, bis plötzlich der Reihenhaus-Nachbarjunge vor ihren Augen aus einem riesigen Geschenkkarton ein neues Fahrrad auspackte. Vor Neid wäre meinen Jungs fast das Strohkörbchen aus der Hand gefallen. Später hörte ich: »Die Eltern von meinem Freund haben einen viel größeren Fernseher als wir«, »… ein cooleres Auto, ein riesiges Haus, mehr Spielgeräte im Garten, machen spannendere Ferien« und so weiter.

Meine immer gleiche, fröhliche Antwort: »Jungs, das Leben ist nicht gerecht. Manche Menschen haben Glück mit ihren Eltern – manche weniger. Und ihr habt leider so richtig Pech und müsst ohne den XXL-Fernseher und das Delfinbecken im Garten leben.« Danach konnten wir zusammen lachen.

Aber trotz aller hehren Absichten: Die Idee, ganz ohne jeglichen Neid oder gar Missgunst durchs Leben zu spazieren, ist so illusorisch wie die, ab sofort jeden Tag sechzig Minuten Sport zu machen und bis ans Lebensende Süßigkeiten zu meiden. Hand aufs Herz: Es gibt immer Momente im Leben, da haben wir den Neid nicht so unter Kontrolle, wie wir es wünschen würden, oder? Bei der Frage, was mich in meiner Jugend am meisten gewurmt hat, musste ich spontan an meine Schulzeit denken und an Karen, die selbstbewusste, »Jungs verschlingende« Aphrodite in unserer Klasse. Um ihre Ausstrahlung und Wirkung auf das männliche Geschlecht habe ich sie nicht nur beneidet, sondern habe ihr voller Missgunst auch jede Nacht ein Dutzend Eiterpickel und fünfzehn Kilo Übergewicht gewünscht. Und heute? Ich beneide manche Menschen noch immer: meine Freundin Anke um ihre nie enden wollende, sprühende Leidenschaft in ihrem Job, meine ehemalige Nachbarin Natalie, die selbst in Situationen, die mich wütend machen und extrem stressen, immer noch fröhlich lächelt. Ich beneide meinen Sohn um seine Disziplin, auch bei Sturm und Regen seinen Laufplan strikt einzuhalten. Bei Gehältern dagegen bin ich gegen Neid einigermaßen immun – vielleicht, weil ich so viel Spaß an meinem Job habe.

Eines aber habe ich seit meiner Schulzeit gelernt: Wenn der Neid aufploppt, überlege ich mir, warum genau ich gerade missgünstig bin. Welcher Wunsch, was für ein Defizit oder Lebensthema stehen wirklich hinter meiner Missgunst? Und dann ist der Neid vielleicht sogar ein Anstoß, mich auf den Weg zu machen und zu versuchen, etwas zu verändern. Auf jeden Fall ist klar: Mitfreuen ist viel entspannter, als grün vor Neid mit verbissenem Gesicht durchs Leben zu laufen – und, da bin ich mir ganz sicher, bestimmt auch besser fürs Karma.

Als Mutter habe ich mich oft gefragt: Ist Geld auch in der Familie ein Tabu? Einmal, als er etwa fünf war, baute sich mein ältester Sohn vor mir auf und erzählte in verklärter Vater-Idealisierung: »Papi hat eine Brille, Papi ist sehr schlau, Papi verdient bestimmt hundert im Monat.«

Der Startschuss für mich, um zu überlegen: Wie viele Gespräche und welche Informationen zu Einnahmen, Gehältern, Haushaltskosten sind nützlich und gut für Kinder? Und womit sind sie vielleicht überfordert? Beim nächsten Einkauf zeigte ich unserem Ältesten den Kassenbon, und er staunte nicht schlecht, als dieser »mehr als hundert« war. Dann sprachen wir über Urlaube und Geschenke, was ein Kind wohl zum Anziehen braucht und wie viel Benzin wir so tanken. So näherten wir uns langsam der Wahrheit, damit er zunächst einmal eine Idee davon bekam, wie viel Geld man überhaupt benötigt, um eine Familie zu ernähren.

Als ich meine erste Glosse an ein Familienmagazin verkauft hatte, platzte ich fast vor Stolz. Das erste Honorar in meinem Traumjob! Sobald meine Söhne nach Hause kamen, erzählte ich ihnen davon und lud sie ein, dieses besondere Geld mit mir auf den Kopf zu hauen. Es war nicht viel, aber es reichte, damit jeder sich einen kleinen Wunsch erfüllen konnte. Außerdem konnte ich plastisch demonstrieren, wie schnell verdientes Geld wieder futsch ist.

»Welchen Beruf kann ich machen, wenn ich groß bin, um viel Geld zu verdienen?«, fragte mein Großer mich auf dem Rückweg vom Einkaufszentrum.

Meine Gegenfrage: »Was möchtest du denn werden?«

Er überlegte einen Moment. »Zirkusdirektor vielleicht. Es ist so cool mit gefährlichen Tigern und Clowns und den Feuerschluckern.«

»Dann musst du genau das machen. Du wirst mit allem Erfolg haben, was du mit Leidenschaft machst, egal ob Zirkusdirektor, Meeresbiologe oder Feuerwehrmann. Vielleicht wirst du nicht Millionär damit, aber das Wichtigste ist, das zu tun, was man kann und möchte.«

Ungläubig sah er mich an. Vermutlich hatte er eine Aufzählung à la Großmutter erwartet. Prompt fragte diese ein paar Wochen später: »Na, Adrienne, was glaubst du, was Justus später einmal wird?« – »Vielleicht Zirkusdirektor«, antwortete ich und blinzelte meinem Sohn zu. Ihr Blick sprach Bände. Wahrscheinlich sah sie ihren Enkelsohn schon mit der Geldbüchse an fremden Haustüren klingeln, um Geld für das Winterfutter zu sammeln.

Nicht nur bei der Großmutter, sondern überhaupt in unserer Leistungsgesellschaft ist es nicht einfach, mit vollem Herzen hinter der Zirkuskarriere-Idee zu stehen. Welche Rolle die Höhe des Einkommens spielt, präsentieren schon die Kinder in der Schule. Ich staune manchmal, wenn meine Jungs mir erzählen, mit welcher Nonchalance einige Schüler mit dem Sportwagen der Eltern zur Schule fahren, wie selbstverständlich sie Designer-Parkas und Uhren im Wert eines mittleren Monatseinkommens tragen, von den allerneuesten Handys ganz zu schweigen. Wie lautet die Botschaft der Eltern, die ihre Kinder so ausstaffieren? Was möchten sie zeigen oder beweisen?

»Kleider machen Leute«, heißt es. Aber was ist die Umkehrbotschaft? Alle ohne Markenklamotten sind ein Niemand?

Wie falsch es laufen kann, mit Kindern offen über Karriere und Geld zu sprechen, erfuhr ich vor einigen Wochen, als das Telefon klingelte und eine aufgeregte Babs dran war: »Ich habe gerade Alex mit blutiger Nase und einem Tadel von der Schule abgeholt«, erzählte sie. »Er hat sich mit einem Mitschüler auf dem Pausenhof geprügelt. Und weißt du, warum?«

Als Jungs-Mutter bin ich daran gewöhnt, dass es ab und zu eine Rangelei gibt, aber natürlich wusste ich nicht, was genau bei Babs los war. Sie ließ mir auch wenig Zeit zur Spekulation.

»Weil es ihm – O-Ton Alex – ›derbe auf den Sack geht, dass Pascal ständig mit dem Luxusleben der Familie, den Hunderttausend-Euro-Autos und der Villa mit Pool prahlt‹.

Als dieser dann verkündet hat: ›In den nächsten Ferien machen wir eine Privatsafari, die kostet über zwanzigtausend Euro‹, ist das Fass für ihn einfach übergelaufen.«

Zuschlagen ist sicher nicht die Lösung, aber ich stimme Alex in einem zu: Diese Art anzugeben nervt.

Klar, wir messen uns ständig miteinander. So zum Beispiel beim Sport. Aber welcher zwanzigjährige Hochleistungssportler würde mit seiner Leistung vor Achtzigjährigen angeben, die Sitzgymnastik auf einem Stuhl praktizieren, oder sein Sixpack mit dem eines Zehnjährigen vergleichen? Ebenso wenig angemessen wäre es, mit einer Familie, die in einer Sozialwohnung lebt, über die Kosten des neuen Schwimmbads in der Luxusvilla zu diskutieren. Anstacheln, motivieren, vergleichen machen doch nur Spaß, wenn man in derselben Liga spielt, oder?

Als ich letztens wieder mit meinen Jungs über Geld, Werte, Status und Anerkennung diskutierte, fragte mein Jüngster: »Und worauf bist du am meisten stolz? Wofür und von wem kriegst du überhaupt Lob oder so? Ich meine, du sitzt ja die meisten Tage allein zu Hause ...« Er sah mich mitleidig-interessiert an.

»Erfolg ist für mich, dass ich jeden Morgen fröhlich aufstehe, weil ich mich auf meine Arbeit am Schreibtisch freue, weil ich einen Job machen darf, den ich kann. Auch wenn es tausend andere Jobs gibt, mit denen man mehr Geld verdienen kann! Und wenn ich selbst stolz und zufrieden bin, brauche ich vielleicht gar nicht mehr so viel Anerkennung von anderen Menschen«, schloss ich, stolz auf meine pädagogisch wertvolle Antwort.

Johann sah mich nachdenklich an. »Na, dann muss ich dir ja nicht mehr sagen, wenn das Essen gut schmeckt ...«

Okay, das Ganze war also doch vielschichtiger, als ich dachte.

Wie sensibel das Thema Geld ist, zeigt sich nicht nur in der Erziehung, sondern auch in Partnerschaften. Ich war überrascht, was mein Psychologen-Freund Thomas erzählte: »Geld ist sehr oft der Grund für Probleme in der Partnerschaft. Ist das nicht verrückt, dass Mann und Frau das Bett teilen, gemeinsam Kinder erziehen, Lebenspläne schmieden, aber nicht wissen, was auf der Gehaltsabrechnung des anderen steht?«

Tatsächlich wissen auch heute nur 59 Prozent der Befragten, wie viel der Partner verdient. Absurd, oder?

Was wusste ich bisher über das Thema Geld in Partnerschaften? Nur, dass auch darüber viel zu wenig gesprochen wird. Selbst wenn die Partner ihre Gehälter kennen, gibt es später häufig Streit darüber, wer was bezahlt und wie viel zum Familienunterhalt beisteuert. Um die Ohren fliegt das Schweigen den Paaren vor allem im Scheidungsfall: »Du hättest ja mehr arbeiten können in den letzten Jahren«, sagte der Gatte einer Freundin (drei Kinder!), um ihr bei den Trennungsverhandlungen die Pistole auf die Brust zu setzen. »Dann würdest du jetzt auch finanziell besser dastehen. Nun heißt es für dich mal richtig Gas geben, wenn du zurechtkommen willst.«

Von Thomas erfuhr ich aber, dass der Freundin ein Mehr-Arbeiten auch nicht unbedingt geholfen hätte: »Wenn die Frau deutlich mehr Geld verdient als der Mann, hängt häufig der Haussegen schief. Damit kommen auch heute noch wenig Männer zurecht.«

Trotz Gleichberechtigung und aufgeklärter Beziehung leiden viele Männer extrem darunter, wenn sie nicht Haupternährer und Mehrverdiener sind. Manchmal wird dies so sehr zum Problem, dass das Paar bei Thomas in der Beratung landet. In der *Brigitte* gab es unter dem Titel »Nachgefragt: Was Männer wirklich denken, wenn Frauen mehr verdienen« eine Umfrage. Mir gefiel am besten die Antwort eines Teilnehmers namens Samuel: »Das kommt stark darauf an, ob man selbst mit dem eigenen Job zufrieden ist. Wenn er einen erfüllt, dann kann die Freundin ruhig mehr verdienen.« Das gilt im Grunde überall und nicht nur zwischen Mann und Frau, oder?

Geldtechnisch bin ich im Herzen aber dann wohl doch eher Amerikanerin – und trete damit schon mal hier und da ins Fettnäpfchen. Auch wenn ich vorher genau überlege, mit wem ich was thematisiere – meistens. Bei der Reihenhaus-Nachbarin, die ich nach dem Kaufpreis ihres Hauses fragte, habe ich nicht lange nachgedacht. Es kam mir so selbstverständlich vor, mich mit ihr auszutauschen. Ein Irrtum. Schade! Es hätte mir sehr geholfen und einige Mühe erspart.

Und auch wenn meine Mutter vor Scham über ihre Tochter damals fast im Boden versunken wäre: Ich finde es einfach spannend, den Wert mancher Dinge zu wissen, um mir ein Bild zu machen und meine Wünsche an die Realität anzupassen: Wie hoch ist eure Miete, und wo legt ihr euer Gespartes an? Wie teuer ist euer Ökostrom, und was zahlt ihr für den Handy-Vertrag?

Was die Glaubenssätze rund ums Geld angeht, fällt es mir nach wie vor schwer zu benennen, wo sie eigentlich ihren Ursprung haben. Ich kenne Großmütter, die gruselige Geschichten vom »schmutzigen Geld« erzählten und gern dazu sagten: »Wer Geld hat, hat keine Freunde, sondern nur Neider.«

Ich arbeite daran, das eigene Wohlfühlmaß an Geld-Wahrheit zu finden. Und nein, übers Geld zu reden hat sicher nicht nur mit Angeben zu tun.

Würde ich meine Einkünfte im Internet offenlegen? Nee! Aber ich wüsste schon gern, was andere Leute generell verdienen. Auf gehalt.de kann man sich glücklicherweise die Spannen angucken, die für die meisten Berufe möglich sind. Besser als nichts.

Und dann habe ich etwas Tolles angestoßen, indem ich gleich mehrere Regeln auf einmal gebrochen habe. Zahlen und Finanzplanung sind nicht unbedingt meine Stärke. Als ich vor einigen Jahren ahnungslos einen Brief des Finanzamts öffnete, bekam ich fast einen Herzstillstand: 14.000 Euro Steuernachzahlung. Die Summe befand sich weder auf meinem Konto noch unter meinem Kopfkissen, noch erwartete ich entsprechende Einkünfte in den Wochen bis zum Zahlungstermin. Ich schenkte mir ein Glas Wein ein, zog meine Lieblingswolldecke bis zur Nasenspitze und überlegte, wer mir aus dieser Misere helfen könnte. Eine Stunde später rief ich Sabine und Friedrich an und erklärte den beiden meine Lage. Sie überlegten keine fünf Minuten und sagten mir die Summe zu. Ein paar Wochen später erzählte ich in meiner Nachbarschafts-Freundinnengruppe von diesem Freundschaftsdienst. »Aber ich hätte dir doch auch geholfen«, sagte Natalie sofort.

Ein halbes Jahr später zog ich mit meinen Jungs in unsere neue Wohnung. Dabei gab es erneut einen Engpass für einige Wochen. Ich rief Natalie an, und einen Tag später war die Summe für die neue Küche auf meinem Konto. Längst habe ich alles zurückgezahlt, und glücklicherweise war mein Konto in den schwarzen Zahlen, als eine Kollegin anrief: »Wir haben durch Corona alle Einkünfte verloren und können die Miete nicht zahlen. Kannst du uns vielleicht Geld leihen?« Ich freute mich, dass diesmal ich diejenige war, die helfen konnte. Und da sagt man immer, bei Geld hört die Freundschaft auf …

14

Ist das verboten, oder darf ich das?

Es gibt Regeln und Tabus, die längst auf die Halde
gehören, andere wünschenswerte Gesetze dagegen
befinden sich noch immer in der Warteschleife.
Deshalb: Regeln ab zum Regel-TÜV!

Wir nannten uns die »Schwarze Hand«: sechs Kinder im
Alter von zehn bis zwölf, die alle in einer Straße lebten und
wild entschlossen waren, gemeinsam gefährliche Abenteuer
zu erleben. Gründerin der Gang waren meine Freundin
Claudia und ich. Und wer bei uns mitmachen wollte, musste
zunächst eine Mutprobe absolvieren. Die bestand darin, in
Claudias Garten vom Dach unserer Banden-Hütte zu springen.

Eines Nachmittags kopierten wir ein Dutzend Zettel, darauf
das selbst gemalte Bild unseres Bandenzeichens. Und darunter
stand: »Die ›Schwarze Hand‹ war hier.« Damit schlichen wir
in geheimer Mission durch die Hintergärten, kletterten über
Zäune, rannten mit klopfendem Herzen über fremde Rasen-
flächen und Terrassen, linsten heimlich in Wohnzimmer. In
jedem Garten musste einer von uns ein paar Blumen aus Beeten oder Töpfen klauen und einen unserer Zettel als Bekenner-

brief platzieren. Wir fühlten uns großartig, gefährlich, wild, frei, besonders.

Ob es ähnliche Gefühle waren, die viele Jahre später meinen Sohn dazu veranlassten, unerlaubt den Pausenhof zu verlassen, direkt vor dem Lehrerzimmer zu rauchen oder das Alter im Ausweis zu fälschen, um schon mit sechzehn Zutritt zum Nachtclub zu bekommen? Ich weiß es nicht. Vielleicht steckten dahinter ja auch revolutionäres Gedankengut oder die Entschlossenheit, Regeln zu hinterfragen und zu brechen.

Hausfriedensbruch habe ich seit den »Schwarze Hand«-Jahren jedenfalls nicht mehr begangen. Aber all die ungeschriebenen Regeln, die ein »Das tut man nicht«, »Das sagt man nicht«, »Das gehört sich nicht« beinhalten, irritieren mich schon seit meiner Kindheit. Das Thema Tod stand auf der »Darüber spricht man nicht«-Liste in meinem Elternhaus an erster Stelle. Das führte unter anderem dazu, dass ich vom Tod meines Großvaters erst Jahre (!) später erfuhr, weil meine Eltern mich mit sechs als zu jung für dieses Thema befanden. So lange erfanden sie Ausreden für die immer wieder verschobenen Besuche. Es kam mir seltsam vor damals, aber ich spürte, dass Nachfragen mich nicht weiterbrachte.

Je älter ich wurde, desto mehr No-Gos der Gesellschaft nahm ich unter die Lupe. Zum Beispiel: Warum dürfen Männer so viel mehr Raum beanspruchen als Frauen – nicht nur im Schwimmbad?

Vor einiger Zeit flog ich nach Frankfurt, um an einem Seminar teilzunehmen. Während ich mich gerade gemütlich auf meinem Platz einrichtete, stürmte ein Mann mit Aktenkoffer in der Hand und Handy am Ohr laut sprechend den

Gang entlang. Vor meinem Sitz blieb er stehen, verstaute den Aktenkoffer im Gepäckfach und machte mir mit der frei gewordenen Hand ein Zeichen, als gälte es, eine Fliege zu verscheuchen. Nachdem ich ihn durchgelassen hatte, ließ er sich in seinen Sitz fallen, stützte den Ellbogen raumgreifend auf meine linke Lehne und unterhielt sich lautstark weiter. Ich weiß nicht, ob es irgendwelche Regeln für die Nutzung der Armlehnen gibt – aber sicher lautet keine davon: »Männer nutzen zwei, während Frauen bescheiden die Hände im Schoß falten.« Ärgerlich tippte ich dem Mann mit dem Zeigefinger gegen den Ellbogen, um ihn darauf aufmerksam zu machen, dass ich die Lehne ebenfalls nutzen wollte. Er sah mich verständnislos an, ohne auch nur einen einzigen Zentimeter wegzurücken. Offensichtlich ahnte er nicht, dass er sich mit der Bandenführerin der »Schwarzen Hand« angelegt hatte.

»Entschuldigen Sie bitte«, setzte ich an.

Keine Reaktion.

Ich erhöhte die Lautstärke.

Aus der Nachbarreihe lächelte eine Frau mir solidarisch zu. »Ich möchte diese Lehne gern mit nutzen, und es wäre freundlich, wenn Sie nicht in dieser Lautstärke telefonieren würden. Das nervt nämlich!«

Wenn Blicke töten könnten, wäre ich elendig auf meinem Sitz verendet. Aber: Der Mann rückte nach links, machte die Armlehne frei und beendete das Gespräch mit den Worten: »Ich melde mich dann aus Frankfurt.«

»Danke schön«, flötete ich mit meiner süßesten Stimmfarbe.

Seit ich mich mit Tabus und Regeln beschäftige, tauchen immer wieder neue spannende Fragen dazu auf. Gleichzeitig habe ich eine Menge gelernt. Ganz klar werde ich nie wieder nackt zwischen bekleideten Männern sitzen, weil ich begriffen habe, dass (Sauna-)Regeln sehr kulturabhängig sind. Und sicher werde ich auch künftig nicht zwinkernd meinen Toilettengang ankündigen mit Worten wie »Ich habe jetzt eine stinkwichtige Sitzung«, »Der Mokka-Express ist unterwegs« oder »Ich gehe mal der Kloschüssel zeigen, wer der Boss ist«. Klartext-Liebe hin oder her, da rebelliert mein Ästhetiksinn. Genauso wenig werde ich meine Zeit mit der Prüfung vollkommen skurriler Gesetze verschwenden, die etwa Männern erlauben, in der Öffentlichkeit zu urinieren, solange die rechte Hand auf dem Auto liegt, oder die samstags das Ausdrücken von Pickeln auf der Nase untersagen.

Ich verweigere mich auch weiteren Versuchen, Gedanken zu raten oder aus falscher Rücksichtnahme, Scham oder Angst zu schweigen, denn ich habe erfahren, wie gut es tut, echte Anteilnahme zu geben und zu bekommen.

Neulich habe ich einen tollen Spruch gelesen: »Hab keine Angst, etwas Neues anzufangen! Denk immer daran: Amateure haben die Arche gebaut und Profis die Titanic.«

Gilt dieser Spruch nicht auch für unseren Umgang mit Tabuthemen? Ich vertraue immer weniger blind den Regel-»Profis« der Vergangenheit, sondern ernenne mich selbst zum Amateur-Regelprüfer. Aber auf welche Punkte muss man beim Regel-Qualitätsmanagement achten?

Klar ist, ich erwähnte es schon zu Anfang des Buches: Die

meisten Regeln werden noch immer von Männern gemacht – auch für uns Frauen. 1919 fand die Wahl zur verfassunggebenden Nationalversammlung statt – erstmalig unter der Beteiligung von Frauen als Wählerinnen und Gewählte. Der Frauenanteil damals betrug 8,7 Prozent. Seitdem hat sich viel getan.

Und trotzdem sind manche Rollenmuster in unseren Köpfen so hartnäckig zu beseitigen wie angebrannter Milchreis auf dem Topfboden.

Meine Mutter zum Beispiel ist ein großer Fan von Angela Merkel und verkündet überall, wie großartig, professionell und besser als alle männlichen Vorgänger »die Angela« unser Land regiert. Andererseits lässt sie sich im Krankheitsfall aber ausschließlich von einem »Herrn Doktor« behandeln. »Warum vertraust du keinen Ärztinnen?«, fragte ich sie neulich. Ihr Blick erinnerte mich an den meines Chemielehrers vor vierzig Jahren, als ich hilflos auf die Elemente-Tabelle starrte, weil sich mir jegliche Bedeutung verweigerte.

»Weil Männer fachlich einfach besser sind, Kind. Sie denken nüchterner, reden nicht so viel herum, verfügen über mehr Fachwissen. Frauen sind auf Ehe, Haushalt und Kinder gepolt. Das ist ja auch lieb und nichts Schlimmes, aber...«

Ich musste mich stark zusammenreißen, um nicht in die Tischkante zu beißen.

»Weißt du, Jungs sind größer, stärker, kämpfen schon als Kinder miteinander und...«

»Und das ist also die Qualifikation für die Chefetage oder ein Medizinstudium?«, unterbrach ich sie empört. »Und was ist mit deiner geliebten Frau Merkel? Und mit dir? Du hast doch auch immer auf Rechte beharrt, wolltest nicht nur Kinder versorgen, hast dich von Männern nicht bremsen lassen und gearbeitet!«

Sie sah mich milde lächelnd an. »Frau Merkel und ich – wir beide sind eine ungewöhnliche Ausnahme.«

Ich wusste nicht, ob ich lachen oder weinen sollte.

Als ich aber später über unser Gespräch nachdachte, fiel mir ein, was meine Freundin Heike Kleen mir erzählt hatte. Solange ich Heike kenne, beschäftigt sie sich intensiv mit dem Thema Gleichberechtigung. Sie hatte einen Artikel in einer Tageszeitung über eine Dichter-Preisverleihung gesehen, das dazugehörige Foto betrachtet und gedacht: Was für ein netter Mann, dass der seine Frau mit auf die Bühne nimmt.

Dann las sie, dass die Frau den Preis gewonnen hatte. Und versank vor Peinlichkeit über ihre eigenen Gedanken fast im Boden. Ob das die Initialzündung war für ihr Buch mit dem Titel *Geständnisse einer Teilzeitfeministin?* Es ist eben nicht leicht, aus jahrzehntelang eingeübten Denk- und Verhaltensmustern auszubrechen und alte Regeln über Bord zu werfen. Aber auch hier gilt: Übung macht die Meisterin.

Dass das Unterbewusstsein der Realität hinterherhinkt, gilt natürlich ebenso für die Männerwelt. Als meine Freundin Babette sich neulich ein Auto kaufen wollte, fragte der Verkäufer, nachdem er sich nach ihrer Wunschfarbe erkundigt hatte, tatsächlich: »Und wann kommt Ihr Mann, damit wir über die technischen Daten und die Finanzierung sprechen können?« Babette verließ grußlos das Autohaus und kaufte nebenan bei der Konkurrenz.

Ich finde es gut, wenn wir uns Denkfehltritte verzeihen — wichtig ist doch, dass wir sie bemerken. Und dann etwas draus machen. Also: Welche überholten Muster stehen mir in meinem Leben im Weg?

Meiner Ansicht nach sollte es ein Tabu sein, Frauen ständig zu bewerten, und zwar egal, ob es um die äußere Erscheinung, die Mutterrolle, die Karriere oder das Management von Job und Kindern geht oder ihre Fürsorge-Tätigkeiten.

»Die typisch pflegende Angehörige ist weiblich, alt und arm«, las ich in einer Ärztezeitung. Warum? Weil viele Frauen nach etlichen Teilzeit-Arbeitsjahren wegen der Kinder und nach mühsamer Rückkehr in den Job durch die Pflege von Angehörigen erneut von der Karriereleiter fallen. Und häufig versorgen sie nicht nur die eigenen Eltern und Verwandten, sondern automatisch auch die Angehörigen des Ehemanns. So schwer es Frauen auf dem Männer-Arbeitsmarkt haben: Wenn es um Fürsorge geht, lassen die Herren ihnen bereitwillig den Vortritt. Vor vielen Jahren, am Anfang unserer Beziehung, sagte mein heutiger Ex-Ehemann einmal: »Ich würde später gern meinen Vater zu mir nehmen, wenn er nicht mehr allein wohnen kann.« Damals war er als Berater tätig und nur am Wochenende zu Hause.

»Das ist ja eine tolle Idee«, antwortete ich. »Aber leider bist du ja die ganze Woche nicht zu Hause. Wie soll das denn funktionieren?« Er sah mich verdutzt an, dann verstand er.

Fürsorge bedeutet viel mehr als Pflege, nämlich: Erinnern an den Impftermin für das Haustier, Geburtstage, Telefonate mit den Großeltern, regelmäßige Arztbesuche, Weihnachtsdekoration. Alles automatisch »Frauensache«. Oder doch nicht? Was würde wohl passieren, wenn wir Frauen einmal einen Warnstreik starten würden? Vielleicht würde das eine oder andere vergessen werden. Aber vielleicht würde überraschenderweise auch vieles klappen, wenn wir üben loszulassen und uns nicht selbst ständig bremsen durch die endlose Liste ungeschriebener Gesetze.

Wo steht denn eigentlich, dass wir unbedingt die Wohnung aufräumen müssen, wenn Gäste kommen? Und wer zwingt uns, ein schlechtes Gewissen zu haben, wenn wir nur eine Tiefkühlpizza servieren, weil wir bis zum Abend am Schreibtisch saßen? Ich wette, keiner außer uns selbst!

Dazu gibt es Regeln, die theoretisch längst abgeschafft wurden, aber uns Frauen immer noch benachteiligen. Zum Beispiel die Frage beim Einstellungsgespräch: »Planen Sie Kinder?« Oder: »Wie ist die Betreuung Ihrer Kinder im Krankheitsfall geregelt?« Jede Frau, die dies nicht beantwortet, ist zwar im Recht – aber den Job kann sie meist vergessen. Warum wird Männern die Frage nach der Betreuung der Kinder noch immer nicht gestellt? Diese Liste könnte man ewig weiterführen …

Ob Krankheit, Gleichberechtigung, Geld oder Sex – für mich gehören Regeln, Tabus und moralische Grundlagen in die Inspektion wie mein Auto: Funktion und Sicherheit müssten regelmäßig überprüft werden, denn was früher schützte, ist heute vielleicht längst überholt. Kaum noch vorstellbar, dass es vor Jahrzehnten keine Sicherheitsgurte an den Sitzen gab, geschweige denn eine Anschnallpflicht. Aber früher galt es ja auch als Skandal, unverheiratet ein Hotelzimmer zu teilen, während sich Menschen heute per App zum unverbindlichen Sex verabreden können. Die Gesellschaft ist ständig im Wandel, und deshalb ist auch bei Regeln und Tabus eine pausenlose Anpassung nötig.

So schnell komme ich da manchmal gar nicht hinterher.

Auf meiner Agenda zur Prüfung stehen zum Beispiel noch folgende Themen: Wie gehe ich mit dem Unsagbaren in Freundschaften um? Mit der Feststellung: Ich mag dich, kann aber deinen Mann und deine Kinder nicht leiden? Oder aus brandaktuellem Anlass: Ist es ein No-Go, wenn die beste Freundin mit dem Ex anbändelt, oder einfach nur eine nachhaltige Verwertung von Beziehungspartnern? Vermutlich gibt es dafür ebenso wenig eine allgemeingültige Regel wie für die Frage: Darf ich per SMS eine Beziehung beenden?

Die Diskussion darüber macht deutlich, wie sehr Regeln und Moral dem zeitlichen Wandel unterliegen. Die meisten würden vermutlich sofort aufschreien, Faul-, Feigheit und Lieblosigkeit kritisieren. Aber auch diese Regel muss man von verschiedenen Seiten betrachten. Eine schriftliche Nachricht als Ankündigung des Trennungsgedankens kann unter Umständen absolut rücksichtsvoll sein. Ich rede jetzt nicht von Drei-Wort-Nachrichten und anschließender Blockade des Kontakts, sondern von erklärenden Worten, die dem Empfänger die Möglichkeit geben, die traurige Nachricht zu verarbeiten, das Gesicht zu wahren, Gedanken zu sortieren, um dann gefasst und vorbereitet in ein persönliches Gespräch zu gehen.

Was mein Zuhause angeht, bin ich am wenigsten anpassungsfähig: Regeln wie Schuhe an der Tür ausziehen, mit bekleidetem Oberkörper zum Essen erscheinen, Schmutzwäsche nicht im Bad verstreuen, sondern in den Waschkeller bringen, sind nicht nur gut für mein Wohlfühl-Qualitäts-Management, sondern Erziehung für ein friedliches Miteinander überhaupt im Leben, die ich meinen Söhnen gern mit auf den Weg gebe. Aber daneben möchte ich sie dazu inspirieren, hin und wieder die Ausnahmen der Regeln zu feiern. Auch das habe ich von klein auf intensiv mit ihnen praktiziert. Wir haben eine Tortenschlacht in der Badewanne gemacht, am Geburtstag Spaghetti mit den Händen gegessen, und an einem Weihnachtsfest haben wir, statt die traditionelle Gans am hübsch gedeckten Tisch zu essen, Picknick vor dem Tannenbaum gemacht und einen Wettbewerb im gegenseitigen »Fleischbällchen in den Mund Werfen« veranstaltet. Wir haben zusammen Burger mit Pommes rot/weiß im Bett gegessen, das anschließend aussah, als hätten wir ein Schlachtfest veranstaltet, Pizza im Pyjama vor dem Fernseher vertilgt, und die Jungs haben »Nackt-Pöschi-Tänze« im Wohnzimmer aufgeführt. Mein Lieblings-»Wir stellen alle Regeln auf den Kopf«-Spiel war, frei nach meiner Heldin Pippi Langstrumpf, durch unsere Wohnung zu springen und zu klettern, ohne den Boden zu berühren: vom Tisch auf den Sessel, von dort auf die Anrichte und über die Fensterbank mit einem Sprung aufs Bett. Ein Riesenspaß. Danach aber habe ich sie beim Abendessen wieder ermahnt, gerade zu sitzen, nicht zu schmatzen, den Löffel zum Mund und nicht den Kopf zum Teller zu führen. Ich finde, die Mischung macht's im Leben.

Vielleicht übernehmen die Jungs neben den sinnvollen Umgangsformen und den fröhlichen Benimm-Regelbrüchen aber auch unbewusst denkwürdige skurrile Muster von mir. Womöglich laufen sie später durch die Wohnung und kontrollieren jede Kerze einzeln, obwohl sie nie ein Feuer erlebt haben, oder schleichen sich vor dem Schlafengehen in die Kinderzimmer, um die Fenster einen Spalt weit zu öffnen, oder erwärmen niemals Spinat, obwohl ich bis heute nicht sicher bin, ob das eigentlich verboten ist... Und dann geben sie diese Marotten an ihre Kinder weiter, ohne sich erinnern zu können, woher sie eigentlich kommen und wer sie gemacht hat. Beim »Wer« lohnt es sich übrigens, immer noch mal genauer hinzugucken: Niemals hätte ich die Aufnahmeprüfung für die »Schwarze Hand« bestanden. Denn im Leben hätte ich mich nicht getraut, vom Hüttendach zu springen.

Welche Regeln behindern Sie? Welche schätzen Sie? Welche würden Sie neu erfinden wollen? (Ja, geht doch auch: im persönlichen Umfeld.) Was halten Sie beispielsweise von der Regel: Brötchenholen am Wochenende ist auch im Pyjama erlaubt? Habe ich neulich versucht und eine neue Freiheit genossen. Ich war ganz entspannt im gemütlichen Sonntagmorgen-Modus und einfach noch nicht bereit, mich anzuziehen – also habe ich mich im Pyjama auf den Weg gemacht. Ich fand, dass die Jeansjacke sogar sehr gut zur rosa-weiß gestreiften Pyjamahose passte. Und bis auf meine Söhne (»Warst du etwa so beim Bäcker, Mami?«) hat eigentlich keiner geguckt.

Also, wenn man da mal anfängt nachzudenken, kann man

vor lauter Ideen gar nicht so schnell mitschreiben: »Keine Unterhaltung mehr über 40 Dezibel«, »Ab 19 Uhr nur noch über schöne Dinge sprechen«, Oder: »Regelmäßiges Benennen positiver Eigenschaften, statt ständig Kritik untereinander zu üben.« Und die Teilzeitfeministin in mir wünscht sich die Blumenstrauß-Mitbring-Regel, nicht nur zum Geburtstag. Also, wie sieht es bei Ihnen aus? Ich wünsche Ihnen viel Freude beim Darüber-Diskutieren und Entrümpeln verstaubter Regeln.

Übrigens: Neulich habe ich dann doch noch mal das Thema Tod und die Idee »Aus Mutters Asche wird ein Diamantring« zur Sprache gebracht. Meine Söhne haben mich angeguckt, als hätte ich nicht mehr alle beisammen:

»Das ist doch voll eklig!«, bekam ich zu hören.

»Wir sind vier, wer von uns sollte den Ring denn tragen?«

»Und welcher Mann trägt denn überhaupt einen Diamanten am Finger?«

Schade eigentlich. Mir gefiel die Idee, mich à la »Hell wie der reinste Edelstein, ist Mutterliebe ganz allein« zu verewigen, ziemlich gut. Aber das ist jetzt leider erst mal abgehakt.

Also: Was habe ich gelernt?

Regel 1: Folge nicht bedingungslos jeder Regel und jedem »Das tut man nicht«. Denn viele Regeln und Tabus haben ein Verfallsdatum.

Regel 2: Regeln müssen regelmäßig zum Regel-TÜV: Wer hat die Regel gemacht, woher kommt sie, wem dient sie? Passt sie noch in unsere Zeit, zu unserer Gesellschaft, oder ist sie eher hinderlich im Miteinander?

Regel 3: Überprüfe deine Erkenntnisse, und vertraue deinem Gefühl. Über allen Gesetzen, Regeln und Tabus stehen für mich noch immer der gesunde Menschenverstand, das Bauchgefühl für den Moment und die Sensibilität den Menschen gegenüber. Und das ist für mich der Kompass fürs Regelbrechen.

Dank

Vielen Dank an meine Leserinnen! Wie schön, dass Sie mein Buch in den Händen halten. Sie für meine Themen und Ideen zu begeistern, ist ja überhaupt der Sinn meiner Arbeit. Die Beschäftigung mit Regeln, nach denen wir leben, hat mich aufgewirbelt, bewegt, ich habe dabei wieder eine Menge gelernt über das (Frauen-)Leben und mich selbst. Ich würde mich freuen, wenn ich vielleicht die eine oder andere Leserin mit meinem Buch als »Freie Mitarbeiterin bei meinem Regel-TÜV« anwerben kann.

Ich möchte mich an dieser Stelle auch bei allen Menschen bedanken, die mich bei meiner Arbeit an diesem Buch und überhaupt in meinem Leben unterstützen. Und das sind: Anke Gasch, die mich wieder mal als Freundin und Erstleserin begleitet hat: Anke, ich brauche nur deine Stimme am Telefon zu hören, und schon lösen sich Schreibblockaden, Zweifel und Motivationstiefs in Luft und Lachen auf. Du bist großartig und ein Segen für mich.

Mein Agent Lars Schultze-Kossack: Lars, du hast dich sofort begeistern lassen für das Tabuthema. Ich finde, wir sind ein gutes Kreativ-Team, und ich freue mich schon auf das nächste Projekt.

Mein Verlag und »meine« Verlagsleiterin: Danke, liebe

Wiebke Rossa, für das Vertrauen. Das dritte Buch mit Blanvalet fühlt sich für mich schon ein wenig wie eine Ehe an ☺

Psychologe, Paartherapeut und Freund Thomas: Danke für die fröhlichen und inspirierenden Sofa-Gespräche. Ich lerne dabei viel über das menschliche Miteinander, frage mich allerdings, warum ich dazu jedes Mal zwei Schalen Cashewkerne verschlinge.

Heike Kleen: Liebe Heike, danke für deine Bücher, Artikel, Gedankenanstöße. Hättest du vor hundert Jahren gelebt, wären wir heute bestimmt einen Schritt weiter in Sachen Gleichberechtigung.

Die Jugend- und Kinderpsychologin Gudrun Göbel: Liebe Frau Göbel, unsere Telefonate waren auch zu diesem Thema spannend, hilfreich und bereichernd.

Meine Redakteurin Angela Kuepper: Dein scharfer Blick auf den Text, deine Anmerkungen und Anregungen sind ein großer Gewinn.

Künstlerin und Freundin Seraphina Schweiger: Danke, liebe Seri, deine klugen Gedankenanstöße zum Umgang mit dem Tod.

Meine Freundinnen: Danke, dass ihr euch immer wieder einlasst auf meine Themen und Fragen! Danke für eure Zeit, den tabulosen Austausch und eure ehrlichen Antworten. Ich hoffe, wir werden mit all unseren Sorgen, Fehlern und Falten vergnügt zusammen alt.

Mein Hund Carlo, der mich trotz Wasserpistolen-Beschuss noch immer liebt: Ach Carlo, was zählen schon ein paar geklaute Brötchen, Butterpakete und Schokoladen-Osterhasen gegen unseren täglichen Spaß miteinander!

Justus, Jonah, Juri und Johann: Ihr sorgt euch nicht nur um meine tägliche Flüssigkeitszufuhr, sondern bremst auch meine Schrulligkeit aus. Und das Beste: Ihr haltet mich auf Trab, stupst mich durch euren kritischen Blick auch immer wieder auf viele Lebensthemen eurer Generation. Dank euch bin ich überzeugte Teilzeit-Vegetarierin geworden. Auch wenn ich mich wiederhole: Ihr seid einfach großartig!

Und schließlich: einen dicken Dank ans Leben, das es so gut mit mir meint, mir immer wieder Kraft, Mut und Rückenwind für alle Lebenslagen schenkt.

Literatur- und Quellenverzeichnis

Kapitel 1

o. V.: »Wann wird er um meine Hand anhalten?« In: BZ vom 31.8.2012; https://www.bz-berlin.de/artikel-archiv/wann-wird-er-um-meine-hand-anhalten [03.05.2021]

Kapitel 2

»Beim Klopapierkauf erwischt«. Produktion von funk, YouTube vom 9.11.2018; https://www.youtube.com/watch?v=odAVSgliKgU&t=1s [03.05.2021]

Jung von Matt: »Ich geh nur kurz kacken«. Werbespot für die BILD. In: YouTube vom 25.4.2016; https://www.youtube.com/watch?v=ojPTDCPJOmo [03.05.2021]

Kapitel 3

Dr. Doris Wolf: Psychotest Burnout: Leide ich unter einem Burnout? In: PAL Praktisch anwendbare Lebenshilfen vom 21.08.2018; https://www.palverlag.de/Burnout_Test.html [03.05.2021]

»Frauen der Sandwich-Generation. Zwischen Kinderbetreuung und Unterstützung der Eltern«. In: Allensbach Studie im Auftrag von BILD der FRAU, 2015; https://www.ifd-allensbach.de/fileadmin/IfD/sonstige_pdfs/BdF_Studie_Sandwich.pdf [03.05.2021]

»Unbezahlte Sorgearbeit: Gender Care Gap – Ein Indikator für die Gleichstellung«. In: bmfsfj Bundesministerium für Familie, Senioren, Frauen und Jugend vom 27.8.2019; https://www.bmfsfj.de/bmfsfj/themen/gleichstellung/gender-care-gap/indikator-fuer-die-gleichstel-lung/gender-care-gap-ein-indikator-fuer-die-gleichstellung-137294 [03.05.2021]

O. V.: »7 Tipps für deinen Alltag« (Bericht über ein Interview mit Emma Watson). In: Woman.AT vom 29.5.2019; https://www.woman.at/a/nevertoomuch-female-empowerment-tipps-alltag [03.05.2021]

Kapitel 4

Susanne Grautmann: »Hotels nur für Erwachsene – Ruhe im Karton«. In: Der Tagesspiegel vom 30.4.2019; https://www.tagesspiegel.de/gesellschaft/hotels-nur-fuer-erwachsene-ruhe-im-karton/24258016.html [03.05.2021]

Peter Burghardt: »Streit um Café – Schnuller verboten«. In: Süddeutsche Zeitung vom 25.3.2019; https://www.sueddeutsche.de/leben/kinder-gastronomie-hamburg-1.4382108 [03.05.2021]

Kathrin Fromm und Annika Lasarzik: »#Schnullergate – Kinder unter sechs Jahren unerwünscht«. In: Zeit online vom 19.3.2019;

https://www.zeit.de/hamburg/2019-03/schnullergate-kinder-cafes-zutrittsverbot-hamburg-kinderfreundlichkeit-pro-contra/seite-2 [03.05.2021]

Michael Gantenberg: Urlaub mit Esel. Frankfurt 2013

Oskar Holzbeg: »Ambivalenzkonflikt: Wie wir ambivalente Gefühle am besten aushalten.« In: Brigitte.de vom 29.2.2020; https://www.brigitte.de/liebe/persoenlichkeit/ambivalenzkonflikt--ambivalente-gefuehle-aushalten-11706408.html [03.05.2021]

Orna Donath: Regretting Motherhood. Wenn Mütter bereuen. München 2016

Cécile Calla: »Das Wort ›Rabenmutter‹ gibt es auf Französisch nicht. In: Zeit online vom 6.4.2016; https://www.zeit.de/kultur/2016-04/regretting-motherhood-mutterschaft-debatte-frankreich-10nach8 [03.05.2021]

o.V: »Es geht immer nur um die Kinder«. In: taz.de o. J.; https://taz.de/Soziologin-ueber-Regretting-Motherhood/!5295083/ [03.05.2021]

Kapitel 5

Heike Kleen: Das Tage-Buch – Die Menstruation – alles über ein unterschätztes Phänomen. München 2017

Eric Hegmann: »Fremdgehen und Untreue«. In: Eric Hegemann Blog; https://www.eric-hegmann.de/blog/paarberatung/fremdgehen-und-untreue/#Warum_ist_Untreue_so_schwer_zu_definieren [03.05.2021]

O.V.: »Sind Frauen untreuer als Männer?« In: seitensprung-fibel.de o. J.; https://www.seitensprung-fibel.de/expertenrat/untreue/sind-frauen-untreuer-als-maenner.php#answer1 [03.05.2021]

Lisa Fischbach und Holger Lendt: Treue ist auch keine Lösung. München 2014

O.V. »Wie sich Sexualität im Alter verändert«. In: welt.de vom 17.5.2019; https://www.welt.de/wissenschaft/article193674777/Sexualitaet-im-Alter-Neue-Studie-verraet-was-sich-aendert.html [03.05.2021]

Wolke 9. Ein Film von Andreas Dresen. Deutschland 2008

Kapitel 6

Heike Kleen: »Mythen und Fakten zur Menstruation. Ist das die Regel?« In: Spiegel.de vom 27.3.2018; https://www.spiegel.de/gesundheit/diagnose/menstruation-fuenf-ueberraschende-fakten-zu-den-tagen-a-1199202.html [03.05.2021]

O.V.: »5 Dinge, die du über Period Poverty wissen solltest«. In: Einhorn vom 21.6.2019; https://einhorn.my/5-dinge-die-du-ueber-period-poverty-wissen-solltest/ [03.05.2021]

Dominique De Marné: Warum normal sein gar nicht so normal ist … und warum reden hilft. München 2019

O.V.: »Angststörungen und Depressionen – Jeder dritte Europäer psychisch krank«. In: Stern.de vom 5.9.2011; https://www.stern.de/gesundheit/angststoerungen-und-depressionen-jeder-dritte-europaeer-psychisch-krank-3921064.html [03.05.2021]

Ronald Reng: Robert Enke: Ein allzu kurzes Leben. München 2010, Seite 13

Kapitel 7

Sabrina Kraußler: »Meghan Markle spricht über die Fehlgeburt, die sie letzten Sommer erlitt«. In: Woman vom 25.11.2020; https://www.woman.at/a/meghan-markle-fehlgeburt [03.05.2021]

Kapitel 8

Jung von Matt: »Sparkasse – mein Haus – mein Auto – mein Boot«. Werbespot für die Sparkasse. In: YouTube 1995; https://www.youtube.com/watch?v=U0MU-2_MuUE [03.05.2021]

Bernhard Jacoby: Sterbeforschung. In: sterbeforschung.de o. J.; https://
www.sterbeforschung.de/index.php/literatur.html [03.05.2021]
Jung von Matt: »Sparkasse – Duell – Geld für später«. Kinospot für die
Sparkasse. In: YouTube 2018; https://www.youtube.com/watch?v=Gjf-
nCsOd_I [03.05.2021]
Cornelia Kister: Mütter, euer Feind ist weiblich: Wie Frauen sich gegen-
seitig das Leben zur Hölle machen. Frankfurt 2007
»Das Beispiel Jesu«. Die Bibel, Einheitsübersetzung 2016; https://www.
bibleserver.com/EU/Hebräer12%2C1.6-29 [03.05.2021]
Jan Petter: »Gewalt gegen Frauen: Diese 5 Zahlen zeigen, wie groß das
Problem ist«. In: spiegel.de vom 25.11.2018; https://www.spiegel.de/
panorama/haeusliche-gewalt-alle-drei-tage-stirbt-eine-frau-fuenf-
zahlen-dazu-a-887ebf96-ec58-420e-a629-5fe2296b2874 [03.05.2021]
Judith Luig: »Zahl der Gewalttaten in Partnerschaften steigt«. In: Zeit
online vom 10.11.2020; https://www.zeit.de/gesellschaft/zeitgeschehen/
2020-11/haeusliche-gewalt-corona-pandemie-bka-partnerschaftsge
walt-frauen-anstieg [03.05.2021]
Ronen Steinke: »Als Vergewaltigung in der Ehe noch straffrei war«. In:
Süddeutsche Zeitung vom 4.7.2017;
https://www.sueddeutsche.de/leben/sexuelle-selbstbestimmung-als-
vergewaltigung-in-der-ehe-noch-straffrei-war-1.3572377 [03.05.2021]
Gundula Göbel, Kinder- und Jugendlichen-Psychotherapeutin, in: https://gundula-goebel.de/uber-mich/ [03.05.2021]
Zivile Helden – für mehr Zivilcourage: »Wegsehen und -gehen ist keine
Lösung: Zeigt Zivilcourage«. In: Zivile-helden.de vom 21.12.2018;
https://www.zivile-helden.de/blog/allgemein/wegsehen-und-gehen-
ist-keine-loesung-zeigt-zivilcourage/ [03.05.2021]
AKTION-TU-WAS. Zeige Zivilcourage! Initiative der Polizei für mehr
Zivilcourage; https://www.aktion-tu-was.de [03.05.2021]

Kapitel 10
O. V.: »Glossar Silver Society: Trendbegriffe und Definitionen«. In: Zu-
kunfsInstitut.deo. J.;https://www.zukunftsinstitut.de/artikel/mtglossar/
silver-society-glossar/ [03.05.2021]
ARD Mittagsmagazin: »Älteste Turnerin der Welt – Johanna Quaas«. In:
YouTube vom 5.11.2013;
https://www.youtube.com/watch?v=3LD0N-WX098 [03.05.2021]

SPZ Akademie – Senioren- und Pflegezentrum Brandenburg: »Alterssimulationsanzug AgeMan«; https://www.spz-brb.de/expertenwissen/
artikel/spz-akademie-praxisnahes-bildungszentrum-fuer-pflege-und-
gesundheitsberufe [03.05.2021]

Dr. Doris Wolf: »Veränderungen im Leben – Lange leben, aber nicht alt
sein«. In: Pal Psychotipps vom 18.9.2020; https://www.psychotipps.
com/Alter.html [03.05.2021]

»Mütter nehmen sich nicht frei – Mütter nehmen Wick Duo Grip-
pal«. Werbespot von 2015; https://www.youtube.com/watch?v=eh
CN4RZdSTw [03.05.2021]

Nadja Ayoub: »Greta reagiert auf ihre Hater – so emotional wie noch
nie«. In: Utopia.de vom 02.09.2019; https://utopia.de/greta-thunberg-
instagram-facebook-hater-155200/ [03.05.2021]

Nadine von Piechowski: »Politik wird am Arbeitsplatz mehr und mehr
zum Tabuthema«. In: Onlinemarketin.de vom 02.06.2020; https://
onlinemarketing.de/karriere/bueroalltag/politik-wird-am-arbeits
platz-mehr-und-mehr-zum-tabuthema [03.05.2021]

Nicole Anliker: »Das organisierte Verbrechen in Mexiko hat die Avocado
für sich entdeckt – und die Bevölkerung wehrt sich«. In: Neue Zür-
cher Zeitung – nzz.ch vom 22.03.2018; https://www.nzz.ch/internati-
onal/mexiko-die-avocado-und-das-organisierte-verbrechen-ld.1365161
[03.05.2021]

Christoph Schulz: »Die fünf großen Müllstrudel im Meer«. In: Care
Elite – Careelite.de, Blog Umweltschutz, Wissen vom 25.08.2018;
https://www.careelite.de/muellstrudel-im-meer/ [03.05.2021]

Sophie Franke: »Mülltrennung: Was wird recycelt und was verbrannt?
Trennst du schon oder mischst du noch?« In: Codecheck vom
01.11.2016; https://www.codecheck.info/news/Muelltrennung-Was-
wird-recycelt-und-was-verbrannt-159324 [03.05.2021]

Kapitel 12

Tim Theobald: »Warum Jung von Matt und die Sparkasse den legen-
dären 90er-Spot neu auflegen«. In: Horizont.net vom 11. Oktober
2018; https://www.horizont.net/agenturen/nachrichten/mein-haus-
mein-auto-mein-boot-warum-jung-von-matt-und-die-sparkasse-den-
legendaeren-90er-spot-neu-auflegen-170283 [03.05.2021]

Matthias Starte: »Wenn Männer scheitern: Von Schweigen, Angst und

Bier«. In: Zeitjunge.de vom 24.11.2016; https://www.zeitjung.de/
ueber-maenner-die-scheitern-flucht-vor-hilfe-schweigen-angst-bier/
[03.05.2021]

Dr. Thomas Roth, Paarberatung Hamburg Hamburg-Othmarschen;
https://paarberatung-othmarschen.de [03.05.2021]

Thorsten Otto, Die Blaue Couch: »Neven Subotić, Sportler und Ent-
wicklungshelfer«. Bayern 1; https://www.br.de/mediathek/podcast/
blaue-couch/neven-subotic-sportler-und-entwicklungshelfer/1816679
[03.05.2021]

Jessika Fichtel: »Aus Fehlern lernt man: Fuckup Nights machen das
Scheitern salonfähig«. In: Arbeits-abc.de vom 22.11.2020; https://
arbeits-abc.de/fuckup-nights/ [03.05.2021]

Andreas Kuckertz, Christoph Mandl und Martin P. Allmendinger: Studie »Gute Fehler, schlechte Fehler«. Arbeits-abc.de vom August 2015;
https://arbeits-abc.de/fuckup-nights/ [03.05.2021]. Link zur Studie:
https://www.uni-ohenheim.de/uploads/media/2015_Kuckertz_et_al_
Gute_Fehler_15-08-24.pdf [03.05.2021]

Kapitel 13

O. V.: »5 gute Gründe, warum ›man‹ eben doch über Geld sprechen
sollte«. In: Utopia.de vom 23.11.2020; https://utopia.de/sponsored-
content/gruende-ueber-geld-sprechen/ [03.05.2021]

Nicole Grün: »Nur Fische sind schweigsamer«. In: Süddeutsche Zeitung
vom 06.02.2011; https://www.sueddeutsche.de/karriere/sprechen-
ueber-gehaelter-nur-fische-sind-schweigsamer-1.1055290 [03.05.2021]
[03.05.2021]

Kerstin Papon: »Private Finanzen – Tabuthema Geld«. In: faz.net vom
8.8.2015; https://www.faz.net/aktuell/finanzen/meine-finanzen/ueber-
geld-spricht-man-nicht-tabuthema-unter-deutschen-13738804.html
[03.05.2021]

O. V.: »Nachgefragt: Was Männer wirklich denken, wenn Frauen mehr
verdienen«. In: Brigitte.de o. J.; https://www.brigitte.de/liebe/bezie
hung/was-denken-maenner--wenn-die-frau-mehr-verdient--10944708.
html [03.05.2021]

Kapitel 14

Helene Weber Kolleg: »Frauen Macht Politik – Unterstützung und Ver-
netzung von Frauen in der Politik«. In: frauen-macht-politik.de;
https://www.frauen-macht-politik.de/service/paritaetinderpolitik/
[03.05.2021]

Heike Kleen: Geständnisse einer Teilzeitfeministin – Mein Verstand ist
willig, aber der Alltag macht mich schwach. Hamburg 2021

O. V.: »Der typische pflegende Angehörige ist weiblich, alt und arm«.
In: Ärztezeitung.de vom 17.9.2019; https://www.aerztezeitung.de/
Politik/Die-typische-Heimpflege-ist-eher-Frau-alt-und-arm-401199.
html [03.05.2021]

Liebe Leserinnen und Leser,

ihr liebt Bücher und verbringt
eure Freizeit am liebsten
zwischen den Seiten? Wir auch!
Wir zeigen euch unsere liebsten
Neuerscheinungen, führen euch
hinter die Verlagskulissen und
geben euch ganz besondere
Einblicke bei unseren
AutorInnen zu Hause.
Lasst euch inspirieren, wir
freuen uns auf euch.

Euer

Blanvalet Verlag

🏠 blanvalet.de

📷 @blanvalet.verlag

f /blanvalet